L'ANSIA NELLE RELAZIONI

Superare l'Ansia, la Paura dell'Abbandono, i Pensieri Negativi. Combattere la Gelosia e Stabilire Relazioni Migliori grazie alla Cura di Sé Stessi. Gestire i Conflitti di Coppia

Winona Holt

Indice dei contenuti

INTRODUZIONE

Cosa significa soffrire di ansia? Cos'è questa emozione così intensa che ci accompagna e si presenta nel nostro corpo? Come è possibile trovare una via di cura?

L'ansia è una sensazione normale che può accompagnarci in molti momenti della nostra vita, se rimane entro un certo livello in genere migliora la qualità delle nostre prestazioni perché ci rende più attenti e vigili, superata una certa soglia però l'ansia comporta effetti negativi sulla prestazione e ostacola il raggiungimento degli obiettivi personali.

L'uomo è un animale sociale: vive di relazioni, siano esse familiari, di amicizia, professionali o sentimentali.

Questo però non vuol dire che rapportarsi all'altro sia semplice, soprattutto nella coppia. Tantissimi sono i fattori che possono creare difficoltà emotive e instillare, anche quotidianamente, dubbi e paure.

Riconoscere l'ansia nella relazione sentimentale è un passo fondamentale per gestirla e superarla. L'ansia da relazione è un problema reale con cui molte persone lottano.

Non è solo la paura dell'impegno in sé, ma anche lo stress e la preoccupazione che si manifestano in qualsiasi fase della relazione. Sono i dubbi, le poche certezze, l'innescarsi di pensieri che nascono anche in situazioni dove le cose non necessariamente vanno male. Questa ansia può effettivamente ostacolare il sentimento e la relazione.

Condividere la propria vita con qualcuno, difficoltà, paure, intimità, non è così semplice come siamo portati a credere. Sia che la nostra relazione sia appena nata, sia che duri da molti anni, svariati sono i motivi di insicurezza che cambiano nel tempo e che possono minare la stabilità del rapporto con l'altra persona. Ecco perché vivere situazioni di ansia nella relazione sentimentale è più frequente di quanto si creda.

La paura di impegnarsi, la paura di non saper dare all'altro ciò che si aspetta, il timore di "non essere abbastanza", l'infedeltà, la paura dell'abbandono, la mancata reciprocità nelle aspettative, i pensieri negativi che si insinuano….. Tutto contribuisce a creare ansia in noi.

Spesso non siamo sicuri di come comportarci, o non sappiamo come gestire sentimenti nuovi. Nelle relazioni più durature, nei matrimoni, dopo anni e anni di vita insieme, ovviamente il rapporto cambia, e così anche le ansie e le paure. Subentrano lo stress, l'abitudine, la preoccupazione per i figli e per il poco tempo a disposizione con il partner. Si ha paura che l'amore abbia ceduto il passo alla monotonia, come se quest'ultima potesse "cancellarlo" del tutto.

Fasi diverse della propria vita e della relazione corrispondono a diversi motivi di insicurezza e stress. Non importa cosa scateni l'ansia, ciò che è fondamentale è scegliere di affrontarla nel modo più sano e naturale possibile.

"Amami quando lo merito meno, perché sarà quando ne avrò più bisogno"

Catullo

CAPITOLO 1: COS'E L'ANSIA?

DEFINIZIONE DI ANSIA

La parola ansia trova la sua derivazione dalla lingua latina, *angĕre,* che significa appunto stringere e ci dà appieno l'idea di come questo stato d'animo possa "intrappolare" la nostra mente e il nostro corpo in una morsa che ci toglie il respiro.

Già nell'antica Grecia veniva chiamata melanconia e si pensava derivasse da un eccesso di bile nera presente nell'organismo. Tale idea, sostenuta da Ippocrate e accettata da Aristotele, veniva molto curiosamente curata con il vino, che era ritenuto essere un rimedio naturale ai sintomi fisiologici manifestati.

Solo a partire dal Medioevo in poi l'ansia fu concepita come una *malattia della mente e dello spirito*, alla quale la religione poteva porre rimedio soltanto attraverso la redenzione dei peccati del paziente. È soltanto durante l'Illuminismo che si svilupperà la ricerca medico-biologica attraverso molti rimedi come decotti, salassi, impiego di oppio e utilizzo di pietre preziose: tutti continueranno a ricoprire un ruolo primario nel trattamento dei sintomi ansiosi tra la popolazione. Dall'800 in poi l'ansia sarà progressivamente concepita come una malattia mentale da curare con i farmaci e tramite psicoterapia, e verrà intesa etimologicamente come *"terapia dell'anima"*.

È certamente identificabile come uno stato emotivo decisamente sgradevole, che trova riscontro in innumerevoli situazioni e circostanze della vita di ogni singolo individuo.

L'ansia viene spesso descritta come una sensazione di tensione psicofisica, di disagio e inquietudine che a volte può anche degenerare in vera e propria paura. È fondamentale fare un distinguo e sottolineare la differenza che esiste tra *ansia e paura*: la prima si presenta con l'obiettivo di affrontare una preoccupazione sulla verificabilità di un evento futuro; mentre la paura è una reazione funzionale ed istintiva ad affrontare un pericolo immediato.

Non per questo, però, si deve necessariamente parlare di una vera e propria malattia, nonostante alcuni aspetti di questo disturbo possano risultare decisamente invalidanti nella vita sociale e di relazione di un individuo.

Quelli che scaturiscono dall'ansia sono veri e propri disturbi fisici che vanno dalla tachicardia a contratture dello stomaco, da una forte sudorazione fino ad arrivare agli attacchi di panico. I problemi legati all'ansia possono nascere sia dalla genetica di un individuo, piuttosto che da una struttura cerebrale, oppure sono semplicemente correlati agli eventi ed alle situazioni che si instaurano nella vita di ogni singola persona.

Un distinguo importante da fare è quello di riconoscere *l'ansia fisiologica* da quella *patologica*.

L'ansia fisiologica, anche riconosciuta come *ansia normale* o d'*allarme*, evidenzia tante risposte fisiologiche che implicano un'attivazione generalizzata di tutte le risorse di un individuo, consentendogli in questo modo di attuare dei comportamenti utili all'adattamento. Si innesca e si orienta verso uno stimolo realmente esistente, ben identificato, che trova origine in situazioni insolite e/o difficili. Se, ad esempio, ci troviamo a fronteggiare una situazione difficile o di pericolo, il nostro cervello ci invierà dei segnali di allerta che permetteranno al nostro corpo di rilasciare la dopamina necessaria affinché possiamo trovare delle reazioni che ci permettano di agire o reagire alla situazione di pericolo.

L'ansia patologica, invece, è di tutt'altro aspetto. Questo tipo di emozione va a interferire sullo stato psichico, disturbandone il corretto funzionamento, e determinando una forte riduzione delle capacità di adattamento dell'individuo. La caratteristica predominante è un accentuato stato di incertezza del futuro, con il conseguente innesco di sentimenti spiacevoli e anche di paura.

A volte, l'ansia patologica è una sensazione nebulosa, a cui riesce difficile abbinare una precisa causa riconoscibile. Altre volte può riguardare specifici oggetti ed eventi; può fare riferimento ad un futuro imminente, oppure alla possibilità di eventi più o meno lontani. Può anche accompagnare altri problemi psicologici e psichiatrici, nonché i conflitti irrisolti della persona che ne è affetta. La sua intensità è tale da provocare una sofferenza insopportabile; determina comportamenti di difesa che limitano la quotidianità e l'esistenza di un individuo, come il voler evitare di affrontare situazioni ritenute potenzialmente pericolose o di controllo attraverso la messa in atto di azioni di vario tipo.

Oltre che come un disturbo a sé stante, l'ansia patologica può trovare riscontro anche in diverse malattie psichiatriche, quali ad esempio: schizofrenia, depressione, disturbi di personalità, disturbi sessuali e dell'adattamento.

L'INFLUENZA DELL'ANSIA

Una persona che vive la propria ansia in solitudine spesso riscontra tutta una serie di eventi collaterali strettamente legati e conseguenziali. Il giro di amicizie si assottiglia anche perché si tende ad uscire sempre meno di casa. Si abbandonano i progetti di lavoro in cui si credeva perché sembrano portare con sé degli ostacoli insormontabili. Le relazioni affettive sembrano peggiorare di giorno in giorno; mariti e mogli da compagni di vita diventano semplici accompagnatori, o, peggio ancora, risultano essere solo delle persone che condividono la stessa abitazione. In alcuni frangenti sembra addirittura utopistico anche trovare l'occasione di conoscere un potenziale partner. Per non parlare della frustrazione per l'ennesimo esame in cui si è fatta scena muta o dell'imbarazzo per il proprio comportamento goffo e impacciato in occasioni sociali.

I molteplici studi condotti non hanno ancora portato a chiarire quali siano le cause dell'ansia, anche se si è unanimemente concordi nell'affermare che vi sia l'implicazione di diversi fattori che concorrono l'uno con l'altro nel dare origine al disturbo. Tra questi possiamo citare:

- ✓ *Fattori ereditari*: alcuni studi genetici hanno riportato che, in circa il 50% dei casi, i soggetti con disturbi d'ansia hanno almeno un familiare affetto da una patologia analoga; è infatti risaputo come l'ambiente famigliare possa esercitare una forte influenza sui comportamenti di un individuo
- ✓ *Fattori biologici*: secondo alcuni studi effettuati sul cervello umano, l'insorgenza dell'ansia troverebbe una correlazione nelle alterazioni della quantità di alcuni neurotrasmettitori. Un'eccessiva produzione di noradrenalina, una ridotta disponibilità di serotonina (che regola il benessere) e di GABA (l'acido gamma-amminobutirrico, un neurotrasmettitore inibitorio fra i più importanti del nostro organismo), capace di rallentare l'attività cerebrale potrebbero esserne la causa
- ✓ *Fattori inconsci*: secondo Freud, padre della psicoanalisi, l'ansia deriverebbe da un conflitto inconscio che potrebbe risalire all'infanzia ma anche svilupparsi nella vita adulta. Questo conflitto psicologico mette in moto dei meccanismi di difesa il cui scopo è quello di allontanare dalla coscienza il conflitto stesso, relegandolo in una sede non accessibile della psiche, che è appunto l'inconscio.

Nel momento preciso in cui si innesca un pericolo, l'istinto primario è quello di fuggire per evitare di trovarci in situazioni che possano compromettere la nostra incolumità, ed è qui che entrano in gioco tre sistemi di azione:

- ✓ *Il sistema cognitivo*, attraverso i nostri pensieri, sposta immediatamente il focus sulla fonte di potenziale pericolo
- ✓ *Il sistema fisiologico e funzionale*, attraverso l'utilizzo delle funzioni corporali manda dei segnali fisici come l'aumento dei battiti cardiaci, una forte sudorazione, un senso di nausea e/o vertigini, tensione muscolare o, al contrario, debolezza muscolare e attacchi di panico
- ✓ *Il sistema comportamentale*: attraverso le azioni che compiamo ci protegge da situazioni di pericolo (evitare strade buie o deserte, ad esempio)

Nel momento in cui si manifesta una situazione di ansia, è importante ricordare che tutti e tre i sistemi di azione entrano in gioco contemporaneamente.

CAUSE E PROBLEMATICHE DERIVANTI DALL'ANSIA

Possiamo considerare l'ansia come un sottoinsieme della categoria dello stress, la cui particolarità sta nel fatto che i meccanismi ad essa associati si attivano anche senza la presenza di uno stimolo esterno diretto: basterà il solo pensiero dell'evento stressante che ci si presenterà a scatenare in un individuo la classica reazione da ansia!

L'ansia può insorgere in modo improvviso, senza una ragione specifica individuabile in quel preciso momento, oppure si può manifestare gradualmente nell'arco di minuti, ore o giorni; in questo caso facciamo riferimento alla previsione di un evento o situazione che sappiamo per centro dovrà avvenire nel futuro.

L'ansia non ha una durata definita: può variare da pochi secondi fino ad arrivare a anni. L'intensità del disturbo può manifestarsi in forma di apprensione appena percepibile o arrivare ad un attacco di panico conclamato, che può causare respiro affannoso, vertigini, aumento della frequenza cardiaca e tremito (tremore).

Gli effetti dell'ansia sulle prestazioni possono essere rappresentati da una curva. Quando il livello d'ansia aumenta, l'efficienza prestazionale aumenta proporzionalmente, ma solo fino a un certo livello o picco, se così vogliamo definirlo. Se l'ansia aumenta ulteriormente, le prestazioni si riducono. Prima del picco della curva, l'ansia è considerata adattativa, perché aiuta il soggetto a prepararsi ad affrontare una crisi e migliora quindi sia la condizione fisica che le prestazioni. Superato il picco della curva, l'ansia è considerata non adattativa, perché causa problemi e compromette la condizione fisica e inibisce la performance del soggetto.

La paura, la tensione e l'ansia sono emozioni che inevitabilmente fanno parte della vita di tutti gli esseri umani. Possono essere avvertite per esempio prima di un esame o quando si cammina in una strada buia e sconosciuta; questo tipo di ansia è utile, perché in grado di aumentare la nostra vigilanza, l'attenzione e capacità di reazione. Si tratta di sensazioni che in genere sfumano e scompaiono poco dopo essere usciti dalla situazione che le ha scatenate.

Soffrire di ansia, invece, significa percepire questa sensazione in modo persistente, senza trovare sollievo, e anzi vivendo un peggioramento nel corso del tempo. I sintomi come:

- ✓ Sensazione di irrequietezza e nervosismo
- ✓ Affaticamento
- ✓ Difficoltà di concentrazione

✓ Irritabilità
✓ Tensione muscolare
✓ Incapacità di controllare pensieri e preoccupazioni
✓ Disturbi del sonno

Possono arrivare ad un livello tale che interferiscono con le relazioni di un individuo e le sue attività quotidiane professionali, sociali e famigliari.

È alquanto diffusa l'insorgenza di una normale ansia in una persona che si sta trasferendo, sta lasciando la propria casa per andare a vivere in un'altra città, o, addirittura, in un'altra Nazione. Prendiamo una persona che sta per intraprendere una nuova attività lavorativa, si sta preparando per affrontare dei test o un concorso; certo si tratta di un fattore emozionale che sicuramente mette uno stato di agitazione. Potrebbe però altresì stimolare nell'individuo la voglia di fare meglio e di tirare fuori tutte le proprie risorse (anche quelle che non pensava di avere). In questo caso parliamo di normale ansia, un'emozione ricorrente, che non lascia strascichi nella vita di una persona.

Diverso è quando l'ansia diventa patologica perché in quel caso l'emozione provata assume toni molto intensi e spesso diventa anche invalidante. Potrebbe indurre una persona a smettere di fare azioni che apprezza, come avere una vita sociale soddisfacente o intraprendere una nuova relazione; potrebbe portare ad avere il terrore di salire su un ascensore o di attraversare la strada o, perfino, ad uscire di casa.

Questi stati di ansia patologica, se non vengono ben identificati e corretti, tendono purtroppo a peggiorare in maniera costante e progressiva.

Per quanto riguarda i disturbi d'ansia, si stima che nel 2015, nell'intero pianeta, circa 264 milioni di persone abbiano sofferto di disturbi d'ansia, pari al 3,6% della popolazione. Si riscontra una prevalenza delle donne (4,6%) rispetto agli uomini (2,6%). Non vi sono fasce d'età significativamente più a rischio per i disturbi d'ansia, anche se si rileva una tendenza alla sua diminuzione nella terza e quarta età. Si è registrato un aumento negli ultimi 10 anni, che si attesta intorno al 14,9% (in gran parte spiegabile con l'aumento della popolazione globale). Le persone in linea biologica (padre, madre, fratello o sorella), hanno un'elevata probabilità di essere colpite da questo disturbo.

L'ansia può anche essere causata da una patologia medica generica oppure dall'uso o dalla sospensione (astinenza) di una sostanza psicoattiva. Le patologie fisiche generiche che possono indurre ansia sono le seguenti:

- ✓ *Cardiopatie* come l'insufficienza cardiaca o alterazioni del ritmo cardiaco
- ✓ *Patologie ormonali* (endocrine), come una ghiandola surrenale o una tiroide iperattive
- ✓ *Patologie polmonari* e/o respiratorie, come l'asma ad esempio, e la bronco pneumopatia cronica ostruttiva (BPCO)

Perfino una semplice febbre può essere causa di ansia!

Prendiamo in considerazione alcune sostanze che inducono stati di ansia, come:

- ✓ Alcol
- ✓ Stimolanti come le anfetamine
- ✓ Molti farmaci prescrivibili, come i corticosteroidi
- ✓ Cocaina
- ✓ Caffeina
- ✓ Farmaci da banco a base di preparati erboristici che ricorrono nelle diete per perdere peso e che contengono guaranà o caffeina o entrambi.

È stato rilevato, inoltre, che l'astinenza da alcol o da sedativi come le benzodiazepine possono causare l'insorgenza di ansia e disturbi correlati come l'insonnia e irrequietezza. I disturbi d'ansia vengono curati principalmente attraverso i farmaci o con approcci psicoterapici specifici: spesso con entrambe le terapie.

La scelta della cura dipende dalla natura del problema e dalle preferenze del paziente. Prima di prescrivere eventuali farmaci è indispensabile procedere a un'accurata diagnosi, per stabilire se i sintomi siano causati da un effettivo disturbo d'ansia oppure da un problema fisico che apparentemente viene scambiato per ansia.

Se dopo un'accurata anamnesi la diagnosi è ansia, in una qualsiasi delle sue forme, il passo successivo è identificare con precisione il tipo di disturbo o, eventualmente, la combinazione di disturbi, ma anche eventuali patologie concomitanti, come la depressione o l'abuso di sostanze (ad esempio l'alcolismo), che possono avere un impatto sull'individuo così forte che è indispensabile risolverle prima per poter poi iniziare a curare gli attacchi di ansia.

CAPITOLO 2: IDENTIFICHIAMO L'ANSIA E I SUOI ASPETTI

IDENTIKIT DELL'ANSIOSO

Di seguito trovate le tre tipologie "classiche" di soggetti che sono particolarmente "amati" dall'ansia, ovvero:

- ✓ **L'iperattivo**: Sempre in movimento durante le ore diurne, ha la sensazione di "buttare via" il tempo se non lo riempie di impegni. Ogni sua giornata deve essere sempre una successione spasmodica di cose da fare, sia di tipo fisico che mentale, non esiste il benché minimo spazio da lasciare "vuoto", o da dedicare all'improvvisazione e, perché no, anche al dolce far niente. Ma quando questi impegni diventano davvero troppi, cade in preda al panico. È insoddisfatto di una vita che vorrebbe cambiare, rivoluzionare, ma non sa come, anche perché non si prende il tempo per fermarsi a riflettere per capire che direzione dare alla propria vita Vive intere giornate nelle quali esprime poco o nulla della propria natura, in balìa di un'iperattività fisica e mentale. Teme la passività e non ha un buon rapporto con la parte femminile della propria psiche. Alla domanda "perché non ti riposi cinque minuti?" ti guarda con gli occhi sbarrati e cade letteralmente in preda al panico.

✓ ***Il Dipendente***: Non riesce a staccarsi dalle cose, dagli eventi e dalle persone, tende a trascinare i rapporti sentimentali e le amicizie anche quando sono inevitabilmente deteriorati. Qualsiasi cosa rappresenti un cambiamento, semplicemente lo spaventa fino a terrorizzarlo. Inoltre, mantiene di solito legami quotidiani con la famiglia di origine, anche dopo aver realizzato la propria indipendenza. La classica telefonata (o meglio le numerose telefonate) alla mamma con dettagliato resoconto di ogni avvenimento della giornata è un appuntamento irrinunciabile. Tutto questo si traduce in un ammasso di pensieri inutili che ridondano nella mente, non permettendogli mai di "staccare" e favorendo l'insorgere dell'ansia oltre che dell'insonnia.

- ✓ *Il razionale*. Ha il terrore di abbandonarsi al nuovo e preferisce di gran lunga rimanere legato al passato. È spesso assorto e corrucciato anche quando si sta occupando di cose banali. Il suo motto è "Io penso" e la sua razionalità è ossessiva, al punto che si trasforma in uno stato ansioso che a volte risulta ben celato sotto una maschera imperturbabile. La sua paura più grande è proprio quella di perdere il controllo: aggressività e passionalità vengono tenute a freno rigidamente, ogni impulso viene sottoposto al vaglio della censura e della ragione. Ed ecco che arriva l'ansia a smantellare questa rigida muraglia di pensieri per lasciare spazio alle emozioni e agli istinti, in una parola alla passione.

Anche la maniacalità nel voler avere tutto sotto controllo rappresenta un aspetto dell'ansia e qui diventa divertente elencare alcuni aspetti e/o comportamenti tipici dei soggetti ansiosi:

- ✓ Porti con te sempre una bottiglietta d'acqua
- ✓ Hai più di tre applicazioni per il meteo
- ✓ Non parcheggi l'auto vicino ad altre auto vecchie o scassate perché non ti fidi
- ✓ Quando parti per un viaggio ti segni tutti i posti di pronto soccorso sulla cartina
- ✓ Quando presti un libro devi segnarlo sul tuo file Excel
- ✓ Se qualcuno ti dice che deve parlarti di una cosa e di chiamarlo tra dieci minuti lo chiami dopo dieci secondi

- ✓ Guardi l'ora anche se sai già che ora è
- ✓ Anche se conosci una ricetta a memoria la leggi e rileggi quando cucini
- ✓ Hai tre carica batterie per ogni telefono
- ✓ Dormi con il lenzuolo anche il 30 luglio
- ✓ Porti sempre con te un Moment per il mal di testa, un Maalox per lo stomaco e l'antirabbica: non si sa mai
- ✓ Non bevi troppo se non conosci un posto sicuro dove fare pipì
- ✓ "Avrò chiuso la porta?" sempre nella testa come stile di vita
- ✓ Metti sempre almeno tre sveglie, non si sa mai
- ✓ Quando parli male di qualcuno controlli sempre che per sbaglio non sia partita una chiamata proprio a quel qualcuno
- ✓ Blocchi e sblocchi il cellulare ogni cinque secondi, senza motivo
- ✓ Riascolti sempre i messaggi vocali che invii
- ✓ Leggi almeno settantacinque recensioni prima di acquistare un qualsiasi articolo
- ✓ Odi le feste a sorpresa
- ✓ Adori gli spoiler, così sai già cosa succederà

Abbiamo visto come l'ansia sia un disagio molto diffuso, nelle sue diverse declinazioni (ansia generalizzata, attacchi di panico con o senza agorafobia ecc.). Troviamo descrizioni dettagliate di ognuno di questi disturbi, basta cliccare la voce "disturbi d'ansia" ed escono siti e articoli a non finire.

Se, quindi, una persona ansiosa vuole farsi una diagnosi da sola, sui più comuni motori di ricerca trova mille e una definizione, quadri sindromici, di tutto e di più insomma (a proposito farsi una diagnosi sulla base di quello che si trova su Internet, aumenta il rischio di "Cybercondria", oltre che di convincersi di avere un disturbo quando potrebbe non essere così).

COME AFFRONTARE LA PAURA DEGLI ALTRI

L'ansia che molte persone percepiscono all'interno delle relazioni con gli altri è spesso causata dal timore del giudizio che ne può derivare e può trasformarsi in un vero e proprio disturbo.

Qui di seguito un breve riassunto di quelli che sono i sintomi e i pensieri connessi:

- ✓ Costante preoccupazione riguardo a ciò che penseranno gli altri di me;
- ✓ Tendenza al perfezionismo "se farò le cose perfettamente allora forse nessuno mi giudicherà";
- ✓ Focalizzazione della propria attenzione sull'ansia;
- ✓ Essere molto critici verso se stessi.
- ✓ Cercare di evitare determinate situazioni (feste, parlare in pubblico, riunioni, stare in gruppo ecc.)
- ✓ Evitare lo sguardo dell'interlocutore;

✓ Cercare di non attirare l'attenzione (difficoltà a prendere parola, tono di voce sottomesso, evitare di intervenire in una conversazione, ecc.)
✓ Estrema difficoltà a dire NO alle richieste degli altri;
✓ Continui dubbi e rimuginazioni su "avrò fatto bene a dire così? Forse potevo dire colà"

Inoltre a livello fisico:

✓ Tensione muscolare;
✓ Rossore e vampate di calore; paura di arrossire (eritrofobia)
✓ Disturbi gastro-intestinali;
✓ Balbettio;
✓ Eccessiva sudorazione;
✓ Batticuore;
✓ Gambe molli

Tutte queste sensazioni di disagio compaiono in presenza di altre persone, e la maggior parte delle volte con persone nuove o semi-sconosciute con cui non ci si sente pienamente a proprio agio. Va da sé che queste emozioni possono incidere e limitare la vita della persona impedendole di vivere pienamente la sua quotidianità in serenità poiché si sente costantemente sotto giudizio, con gli occhi di tutto il mondo puntati su di lei.

Superare le paure, in particolare quella nei confronti delle altre persone, è fondamentale per essere se stessi e vivere una vita piena ed appagante.

Se questo paragrafo cattura particolarmente la vostra attenzione, è perché sicuramente esistono delle paure che derivano dalla relazione con gli altri, specialmente con alcune tipologie di persone. Può sembrare un paradosso, o chiamiamolo anche "giro di parole", ma più che degli altri, molte volte abbiamo paura della paura stessa.

Le persone timide temono la paura perché non ne comprendono l'utilità e se la provano si vergognano, si sentono in colpa e stupidi; ma non è certo così, perché fondamentalmente siamo degli esseri umani. Andiamo a vedere perché.

Supponiamo di essere chiusi in una gabbia davanti a un leone affamato: è giusto avere paura oppure no? Per le risorse psicofisiche che attiva è infinitamente meglio avere paura… a patto di considerarla una preziosa alleata. Questa è una chiara situazione di una paura "razionale", un leone affamato è pericoloso, e fino a qui siamo tutti d'accordo, ma l'idea di fondo è che razionale o no, la paura è comunque una reazione normale, istintiva, considerato il contesto in cui ci si trova. Ma quale sarebbe la reazione di un'altra persona? Se pensiamo che gli altri in una situazione analoga non avrebbero paura è perché non abbiamo ancora imparato ad osservare correttamente il comportamento delle altre persone.

Se vogliamo vincere la nostra paura verso gli altri, controllare la nostra timidezza, cominciamo a considerare la paura come un'emozione assolutamente normale. Tu, io, loro, tutti provano la sensazione della paura nella propria vita: è normale! Ciò che blocca le persone non è la paura di per sé stessa, ma la totale incapacità di saperla gestire, proprio perché considerandola sbagliata a priori, viene interpretata come sintomo di debolezza di cui vergognarsi.

A proposito di paura, ecco una dichiarazione di Rickson Gracie, campione di Brazilian Jiu Jitsu (quindi un vero combattente) sulla paura:

"La paura e l'intelligenza sono due facce della stessa medaglia. Possiamo dire che l'intelligenza nasca dalla paura, da una sua gestione corretta. Il problema è che la maggioranza delle persone scappa dalla paura e dalle cose che gli fanno paura invece che affrontarle. Oppure ci sono quelle persone che dicono "Io non ho paura di nulla". Io non le capisco, non rientra nel mio modo di pensare. E' sciocco secondo me dire certe cose. Io ho paura tutti i giorni. Paura della vita, paura dei miei avversari, di tante cose puoi avere paura. Quindi uso la paura per ragionare, per chiedermi "Come posso fare per vincere quelle cose che mi fanno paura?".

Ammettere di avere paura è per molti più difficile che scalare l'Everest con un braccio solo! ... e questo li blocca, non li fa evolvere, perché chi vogliono essere è oltre quella paura stessa. Le persone non voglio affrontare le paure, vorrebbero semplicemente farle sparire e cercano in tutti i modi di nasconderle al resto del mondo. Così facendo limitano la propria intelligenza e la capacità di adattamento alle varie situazioni, usando l'*evitamento* che, in parole povere, significa "nascondersi".

Sapere convivere con la paura, imparare a gestirla e considerarla un'alleata è invece un aspetto molto importante: nel momento in cui si prova paura è fondamentale usare la razionalità per capire ciò che ci spaventa ed elaborare una strategia che ci aiuti ad affrontare ciò di cui abbiamo timore.

Occorre osservare e comprendere le proprie paure, le proprie sensazioni, i propri pensieri, capire come funzionano e non collegare la paura solo al valore dell'io.

Quando avvertiamo paura allora fermiamoci e osserviamo in maniera razionale ciò che ci spaventa, cerchiamo di comprenderlo. Impariamo ad affrontare per gradi quello che ci spaventa; analizziamo il risultato che abbiamo ottenuto e ripartiamo dall'inizio.

L'ansia che molte persone percepiscono all'interno delle relazioni con gli altri è causata spesso dal timore del giudizio di questi ultimi.

Essere coraggiosi significa provare paura, capire perché proviamo paura, pensare razionalmente a come superarla e affrontarla.

Lanciarsi senza riflettere significa essere temerari ed anche incoscienti a volte, e non è certamente qualcosa a cui dobbiamo aspirare.

COS'È IL DISTURBO DA ANSIA SOCIALE O FOBIA SOCIALE

Il Disturbo d'Ansia Sociale è una condizione di disagio e paura marcata che un individuo sperimenta in situazioni sociali nelle quali vi è la possibilità di essere giudicato dagli altri. Subentrano il timore di mostrarsi imbarazzato, di apparire ridicolo o incapace, e essere umiliato di fronte agli altri.

In base a ricerche effettuate nella popolazione generale degli Stati Uniti il disturbo colpisce il 7 % degli adulti, mentre in Europa la percentuale è del 2,3 %. Le femmine sono maggiormente soggette all'ansia sociale rispetto ai maschi e tale differenza è più marcata nella fascia adolescenziale e nei giovani adulti.

I sintomi tipici del Disturbo d'Ansia Sociale sono i seguenti:

- ✓ Paura o ansia marcate relative a una o più situazioni sociali nelle quali l'individuo è esposto al possibile giudizio degli altri, come essere osservati o eseguire prestazioni di fronte ad altri
- ✓ L'individuo teme che le sue azioni potranno essere criticate o manifesterà sintomi di ansia che saranno valutati negativamente
- ✓ Le situazioni sociali temute provocano quasi invariabilmente paura o ansia
- ✓ Le situazioni sociali vengono evitate oppure, qualora affrontate, sopportate con paura o ansia intense

- ✓ La paura o l'ansia risultano sproporzionate rispetto alla reale minaccia presentata dalla situazione sociale e dal contesto socioculturale
- ✓ La paura, l'ansia o l'evitamento sono persistenti e durano tipicamente 6 mesi o più.

Il disturbo provoca un forte disagio e la compromissione del normale funzionamento individuale e non è attribuibile all'assunzione di sostanze o a un'altra condizione medica. È possibile inoltre che l'ansia sia circoscritta solamente a un particolare ambito sociale come concerti, discorsi pubblici o gare sportive, soprattutto in soggetti che hanno una professione che può essere compromessa da questa condizione come musicisti, attori, ballerini, atleti, ecc. In questo caso, se l'ansia sociale è limitata a un solo ambito, i soggetti non si sentono a disagio in altre situazioni sociali nelle quali non sono oggetto di "valutazione".

I soggetti che soffrono di ansia sociale tendono a manifestare un'eccessiva riservatezza in pubblico. La loro postura corporea è solitamente rigida e sempre sulla difensiva: è abbastanza frequente che questo comportamento venga scambiato per ritrosia o scontrosità.

Chi teme il confronto sociale è tipico che parli con un tono di voce basso, quasi sommesso, che fatichi a mantenere il contatto visivo, o arrossisca frequentemente. Gli argomenti delle conversazioni possono risultare banali e spesso chi soffre di fobia sociale è riluttante a parlare di sé, ad accettare e fare complimenti.

Per questo è anche molto probabile che individui con ansia sociale tendano a scegliere posizioni lavorative più isolate dal contatto sociale o, perfino, con assenza di performance pubbliche; possono arrivare anche al punto di limitare le loro potenzialità o le aspirazioni occupazionali.

I giovani adulti ci mettono più tempo per scegliere di vivere da soli e rimangono in media più a lungo a vivere in casa con i genitori.

In generale si riscontra un'aumentata tendenza ad assumere alcool o sostanze per auto medicarsi per prepararsi ad affrontare le situazioni. Bere alcolici prima di uscire per andare a una festa o ad un incontro con lo scopo di essere più disinibiti o anche dare l'impressione che il proprio comportamento impacciato sia soltanto causato dalle sostanze e quindi esserne giustificati.

Si distinguono solitamente due tipi di Fobia Sociale:

- ✓ *Semplice*, quando una persona sperimenta ansia sociale solo in una o poche tipologie di situazioni (per esempio è incapace di parlare in pubblico, ma non ha problemi in altre situazioni sociali come partecipare ad una festa o parlare con uno sconosciuto);
- ✓ *Generalizzata*, quando invece la persona ha timore pressoché di tutte le situazioni sociali. Nelle forme più gravi e pervasive, si tende a preferire la diagnosi di Disturbo Evitante di Personalità.

La caratteristica principale della fobia sociale è data dalla paura di trovarsi in determinate situazioni sociali dove ci si sente osservati mentre si sta facendo qualcosa, come ad esempio parlare in pubblico o, più semplicemente, parlare con una persona, scrivere, mangiare o telefonare. Quello che preoccupa gli individui con ansia sociale è di apparire imbarazzati e, soprattutto, sono timorosi che gli altri li giudichino ansiosi, deboli, "pazzi", o stupidi.

Il timore di parlare in pubblico per la preoccupazione di dimenticare improvvisamente quello che si deve dire o per la paura che gli altri notino il tremore delle mani o della voce. Sentirsi tutti gli occhi degli astanti addosso, oppure l'ansia estrema che ci invade quando si conversa con gli altri per la paura di apparire poco chiari, di non riuscire a trovare i termini giusti per esprimere i nostri pensieri.

I sintomi della fobia sociale possono condurre il soggetto ad evitare di mangiare, bere o scrivere in pubblico, per timore di rimanere imbarazzato dal fatto che gli altri possano vedere le sue mani tremare e percepire il suo stato di profondo disagio. Quanto si vorrebbe fuggire o essere trasparenti in quei frangenti!

Ovviamente, queste persone cercano in tutti i modi di evitare tali situazioni o, se vi sono costrette, le sopportano con un carico di disagio estremamente elevato.

Un'altra caratteristica tipica di questo disturbo è una marcata ansia sociale che precede le situazioni temute e che prende il nome di *ansia anticipatoria*. Così, già prima di affrontare una situazione sociale (per esempio andare ad una festa o andare ad una riunione di lavoro), le persone cominciano a preoccuparsi per tale evento, perché nella loro testa già si proietta il film di quello che succederà.

Come spesso accade nei disturbi fobici, le persone che provano tale disturbo riconoscono, quando sono lontane dalle situazioni temute, che le loro paure sono assolutamente irragionevoli, eccessive, sciocche e inopportune. Arrivano così a colpevolizzarsi ulteriormente per i sintomi della fobia sociale stessa e per le proprie condotte evitanti.

Esiste un modo per affrontare l'ansia sociale, o meglio, la paura del giudizio degli altri?

Prima ancora di affrontarla, la prima cosa da fare, è riconoscerla. Comprendere che significato ha l'ansia per la persona, come e quando si manifesta e soprattutto perché. Come si manifesta l'ansia? In quali situazioni specifiche viene sentita più intensamente?

È importante poi comprendere come mai la persona vive costantemente con il timore del giudizio degli altri: niente accade per caso ma tutto ha un significato ben preciso. Ripercorrendo la propria storia, che senso ha avuto mettere le distanze dagli altri, quale ne è stata la ragione e per quale motivo si temono le loro critiche?

Mettiamoci in gioco gradualmente nelle relazioni, sfidando quelle convinzioni che richiamano frasi o pensieri del tipo *"qualunque cosa faccia sarà sbagliata e gli altri lo noteranno"*, *"se mi mostro per quello che sono non sarò mai accettato"*, *"se sbaglio o faccio un errore non me lo perdonerò mai"* ecc.

Individuiamo le convinzioni che abbiamo e che ci feriscono, facendoci sentire inferiore agli altri. Ci riteniamo essere una persona di valore oppure no? Cosa siamo disposti a mettere in gioco della nostra persona per fare il primo passo verso la riduzione dell'ansia?

Questo percorso può sicuramente essere facilitato all'interno di una relazione terapeutica di sostegno, ma può anche essere supportato e potenziato condividendo all'interno di un gruppo di ascolto le proprie difficoltà. La psicoterapia cognitivo comportamentale, come per altri disturbi legati all'ansia, si è dimostrata in genere molto efficace nella cura della fobia sociale e anche alcuni farmaci possono talvolta essere d'aiuto.

DIALOGO INTERIORE DI UN ANSIOSO

Per dialogo interiore si intende un flusso di pensieri, riflessioni, domande, valutazioni che noi facciamo continuamente dentro noi stessi, e quello che ci diciamo, le nostre risposte, influenzano enormemente il nostro stato emotivo e il nostro comportamento.

Anche se non ne siamo pienamente consapevoli, dietro un'emozione e un nostro comportamento c'è una frase, una convinzione, un pensiero che ci guida al compimento delle nostre azioni. Solo prendendo consapevolezza del nostro modo di dialogare con noi stessi, possiamo orientare il nostro stato emotivo e i nostri comportamenti.

Il dialogo interiore però è anche ciò che può crearci ansia e altre forme di sofferenza psicologica.

Le persone ansiose, ad esempio, tendono a fare elaborazioni interiori sul futuro spesso in termini catastrofici. La persona che soffre di ansia dentro di sé pensa: *"Sicuramente andrà male. Non sarò in grado di gestire la situazione. Sono inadeguato"*. Questo dialogo interiore porta l'individuo a vivere le esperienze future come possibile fonte di pericolo e, si sa, la percezione di un pericolo crea ansia.

Quando si comincia a provare ansia, il dialogo interiore ci può immobilizzare per evitare la situazione temuta: *"Cavolo! Sicuramente andrà male, meglio evitare. Se lo farò starò ancora più male e non lo posso tollerare"*. Questo atteggiamento mentale è frequente quando si vogliono evitare le situazioni temute, perché già ne vediamo l'esito negativo.

Ma qual è il pensiero interiore di una persona che sta entrando in uno stato di ansia?

Mi rifaccio ad uno stralcio di dialogo interiore estrapolato durante una seduta di un gruppo di ascolto e poi scritto dal soggetto in questione, di cui, ovviamente, non verrà rivelato né il nome né alcun dato personale che possa identificarlo. Questa persona ha acconsentito a condividere con me e con altre persone nella sua stessa "barca", parte del suo mondo interiore. La situazione che doveva affrontare in uno stato di ansia ingestibile (almeno questa era la sua convinzione) era un colloquio di lavoro particolarmente importante.

*"Già mi sento agitato, figuriamo dopo. Ma che ci vado a fare? Tanto mi andrà male anche questa volta! Va beh, magari stavolta mi andrà meglio, in fin dei conti mi sono preparato tanto. Si tanto! Non è mai abbastanza. Ho bisogno di quel posto perché mi spetta, cioè mi piacerebbe lavorare a **** perché mi farebbe sentire cresciuto, è una svolta importante nella mia vita lavorativa. Si ma chi mi troverò davanti? E se mi faranno delle domande a cui non so rispondere? Già mi viene l'ansia! E se mi tremerà la voce? Che figura ci faccio? Vorrei dimostrare di essere innanzitutto maturo e capace, vorrei essere determinato. E se mi viene un attacco di ansia perché sto troppo agitato? Rischio di mandare tutto a ****, mi tremano le gambe. Sono un pappamolla. Ma cavolo sono un adulto, perché non sono capace di mantenere il controllo di me stesso?"*

Il nostro amico è nella saletta d'attesa dell'azienda in cui è andato a fare il colloquio di lavoro:

"Certo mi fa davvero bene questo batticuore eh, non mi smentisco mai! Allora provo a respirare un po' profondamente così mi tranquillizzo, inspiro, apro il diaframma, butto fuori tutta l'aria dalla bocca, almeno calmo un po' pure il respiro...ma sarà normale sentire tutte queste cose? Sarò normale io? Boh a me sembra che gli altri sappiano gestire meglio la loro ansia...."

Emerge chiaramente come nel giro di poche ore, si susseguano, senza pausa un'infinità di pensieri decisamente non incoraggianti, di reazioni del corpo (agitazione generalizzata, respiro accelerato, gambe che tremano ecc.). Tutto contribuisce a rinforzare il disagio provocato dai pensieri. Il risultato è che ci si concentra in maniera eccessiva ed ossessiva su sé stessi e sulle proprie reazioni tanto da perdere di vista quello che ci circonda, comprese le altre persone.

A proposito, il colloquio poi è andato bene perché nonostante l'ansia è stato capace di concentrarsi e spostare il focus sull'obiettivo anziché rimanere ancorato sull'ansia e sul suo corpo agitato. Gli è stato di grande aiuto annotare il dialogo interiore sul "Diario dell'ansia" in modo da rendersi conto meglio in che modo i suoi pensieri in tumulto lo possano assillare e mettergli i "bastoni tra le ruote", rischiando seriamente di compromettere il risultato finale.

Avere consapevolezza del proprio dialogo interiore è quindi particolarmente importante, perché ci permette di analizzare i vari aspetti che ci creano ansia, razionalizzarli e dare delle risposte.

Mi piace chiudere questo paragrafo con una bellissima leggenda Cherokee, sulla lotta tra due lupi che vivono dentro di noi:

> *"Uno è rabbia, paura, preoccupazione, invidia, rimpianto*
>
> *L'altro è pace, speranza, serenità, empatia, fiducia*

Quale lupo vincerà?

Quello a cui darai da mangiare"

SINTOMI DI ANSIA E DEPRESSIONE

A molte persone capita di sentirsi ansiose e depresse; la morte di una persona cara, il licenziamento dal lavoro, il divorzio ed altre situazioni difficili possono portare chiunque a sentirsi triste, solo, spaventato, nervoso, ansioso.

Tutti questi sentimenti sono normali reazioni di un individuo allo stress della vita, ma alcune persone avvertono queste sensazioni ogni giorno e senza alcun motivo apparente. Questo rende difficile affrontare la normale routine quotidiana e chi ne viene colpito può essere interessato da un disturbo d'ansia, depressivo, o entrambi.

L'OMS stima che nel mondo circa 300 milioni di persone soffrano di una qualche forma di depressione e non è raro che chi ne soffre possa sperimentare anche disturbi d'ansia o viceversa, oltre a disturbi del sonno e dell'alimentazione. Circa la metà delle persone depresse riporta infatti anche una diagnosi di un disturbo d'ansia.

L'ansia e la depressione sono probabilmente le più antiche forme di psicopatologia individuate dall'uomo, a volte considerate separate a volta interconnesse. A questo proposito si rilevano versioni completamente discordanti tra loro e ciascuna con una buona mole di dati a suo supporto.

Dai tempi della Grecia antica fino al XIX secolo, le due forme venivano considerate come un unico disturbo che comprometteva l'affettività.

Freud concettualizzò l'ansia e la depressione come due entità separate e distinte. Tanto che in un secondo momento scompose ulteriormente l'ansia distinguendo l'ansia realistica (in situazioni di reale pericolo) dall'ansia nevrotica (in ragione di una percezione soggettiva del pericolo). Creò così un'ulteriore posizione di distanza di questi sintomi dal versante depressivo.

Negli anni '70 del secolo scorso, Sir Aubrey Julian Lewis, professore di psichiatria all'Institute of Psichiatry of London (attualmente parte del King's College of London) ideò un modello in cui ansia e depressione, seppur distinti come disturbi nelle loro forme estreme, potevano comunque rientrare in un continuum. Considerava l'ansia parte integrante della depressione, in particolare in una forma di disturbo maniaco depressivo in cui osservava, nelle forme più gravi, una "depressione agitata" mentre nelle forme più lievi un'ansia nevrotica.

Le cause che si trovano alla base della comparsa dei disturbi d'ansia non sono ancora state completamente comprese. L'opinione più diffusa nella comunità scientifica è che possano essere il risultato di una combinazione di fattori genetici, biologici, sociali, psicologici. Alcune condizioni ed esperienze (come eventi traumatici) si pensa possano fungere da innesco in soggetti predisposti geneticamente, mentre in altri casi è più semplice risalire alla causa che può essere riconducibile alla presenza di una malattia cronica e/o debilitante oppure all'assunzione di farmaci.

Facendo riferimento al rapporto tra ansia e depressione, non esiste alcuna prova che un disturbo sia la causa dell'altro, ma c'è una forte evidenza in letteratura sul fatto che molte persone soffrano di entrambi i disturbi (tanto da spingere alcuni Autori a ritenere che possano essere le due facce della stessa medaglia).

Curioso segnalare infine che l'abitudine al fumo è molto più comune negli adulti che soffrono di disturbi come ansia e/o depressione. Secondo alcune statistiche americane, circa tre sigarette su dieci sono fumate da soggetti affetti da un disturbo mentale. La ragione alla base di questo collegamento non è ancora stata chiarita e non necessariamente si tratta di un legame causa-effetto (correlazione non significa che esista necessariamente un nesso causale).

Certo è che avere contemporaneamente sia ansia che depressione è più grave rispetto ad averne una sola: la buona notizia è che questi disturbi sono entrambi trattabili, sia separatamente che insieme.

ATTACCHI DI PANICO

L'attacco di panico è un evento caratterizzato dall'insorgenza di un improvviso e fortissimo senso di paura, disagio o da una rapida escalation di un'ansia già presente ed è accompagnato da sintomi di carattere sia emotivo che fisico. La durata dell'attacco di panico è generalmente breve, ma coloro che hanno avuto la sfortuna di sperimentarlo lo descrivono come un'esperienza decisamente terribile, anche perché la paura di un nuovo attacco diventa molto forte e dominante.

Per come viene descritto l'attacco di panico risulta certamente di forte impatto; è però importante sottolineare che, da un punto di vista medico, questo episodio non risulta essere pericoloso per l'individuo. Può manifestarsi come evento isolato, o comunque può ripetersi a distanza di diverso tempo.

Durante un attacco di panico, pensieri catastrofici automatici ed incontrollati saturano la mente della persona. Questa ha quindi l'oggettiva difficoltà a pensare chiaramente e teme che tali sintomi possano veramente essere pericolosi. Alcuni temono che gli attacchi indichino la presenza di una malattia non diagnosticata, pericolosa per la vita (per es., cardiopatia, epilessia). Nonostante i ripetuti esami medici e la rassicurazione, le persone possono rimanere impaurite e convinte di essere fisicamente vulnerabili.

Questi attacchi sono accompagnati da sintomi somatici e cognitivi. Ad esempio palpitazioni, sudorazione improvvisa, tremore, sensazione di soffocamento, dolore al petto, nausea, vertigini, paura di morire o di impazzire, brividi o vampate di calore.

Il singolo episodio, quindi, sfocia facilmente in un vero e proprio disturbo di panico, più per "paura della paura" che altro. La persona si trova rapidamente invischiata in un tremendo circolo vizioso che spesso si trascina la cosiddetta agorafobia (l'ansia relativa all'essere in luoghi aperti ed ampi o situazioni da cui sarebbe difficile o imbarazzante allontanarsi o dove potrebbe non essere disponibile un aiuto, nel caso di un attacco di panico inaspettato).

Vivendo con la paura degli attacchi di panico diventa quindi difficile e ansiogeno uscire di casa da soli, viaggiare in treno, autobus o guidare l'auto, stare in mezzo alla folla o fare una semplice coda alle poste piuttosto che al supermercato, e così via.

L'*evitamento* di tutte le situazioni potenzialmente ansiogene diviene quindi la modalità prevalente e la persona diventa schiava del panico. Costringe spesso tutti i familiari ad adattarsi di conseguenza, a non lasciarla mai sola e ad accompagnarla ovunque. La logica ed inevitabile conseguenza è un senso di frustrazione che deriva dal fatto di essere "grande e grosso" ma dipendente dagli altri, pensiero che può condurre ad una depressione secondaria.

È opportuno e necessario fare una distinzione *tra attacco di panico* e *disturbo di panico*: mentre il primo si manifesta come evento isolato, il secondo si caratterizza per la comparsa di ripetuti attacchi di panico accompagnati dalla paura che questo evento possa ripetersi in futuro; ecco che subentra una serie di comportamenti che sono dettati dalla volontà di evitare situazioni o fattori che possono favorire la comparsa di altri episodi (comportamenti disadattavi).

Le cause alla base di un attacco di panico non sempre sono facilmente identificabili e in molti casi non sono del tutto note. Vi si riscontra il coinvolgimento sia di fattori psicologici che di fattori fisiologici, come situazioni caratterizzate da stress particolarmente intensi, diagnosi di malattie gravi, lutti, traumi, problemi e cambiamenti importanti che interessano l'ambito lavorativo, affettivo, famigliare, economico, ecc.

L'attacco di panico si può manifestare nell'ambito di qualsiasi disturbo d'ansia, ma si può osservare ugualmente in pazienti che manifestano anche altri disturbi psichiatrici, quali ad esempio, la depressione. Gli attacchi iniziali si manifestano in situazioni agorafobiche, come guidare da soli in auto o semplicemente viaggiare su un autobus. Un contesto stressante è comunque spesso il denominatore comune, in quanto altera le sensazioni corporee, mandando segnali di una "catastrofe" ormai prossima, aumentando così il rischio di attacchi di panico.

Quando l'attacco si manifesta nell'ambito di altri disturbi d'ansia, spesso si tratta di un attacco collegato al disturbo stesso. Un individuo aracnofobico può sviluppare un attacco di panico qualora dovesse trovarsi vicino ad un ragno. In questi casi, si parla più propriamente di attacchi di panico **attesi**. Quando, invece, gli episodi si manifestano senza alcun apparente innesco, si parla di attacchi di panico **inaspettati**.

Abbiamo quindi visto come l'attacco di panico si caratterizzi nell'improvvisa comparsa di un forte senso di disagio, a cui possiamo associarsi anche sintomi come:

- ✓ Paura di perdere il controllo
- ✓ Depersonalizzazione
- ✓ Derealizzazione
- ✓ Sensazione di irrealtà
- ✓ Paura di morire

Altri sintomi somatici possono associarsi a questa sintomatologia di tipo cognitivo, ovvero:

- ✓ Sensazione di disagio/fastidio
- ✓ Dolori al petto
- ✓ Vampate di calore o brividi
- ✓ Tremori diffusi
- ✓ Dolori addominali anche accompagnati da nausea
- ✓ Aumento della sudorazione
- ✓ Sensazione di soffocamento
- ✓ Respiro corto
- ✓ Frequenza cardiaca aumentata e palpitazioni
- ✓ Vertigini anche accompagnate da senso di svenimento.

Il tipo e la quantità di sintomi che accompagnano l'attacco di panico possono ovviamente variare da individuo a individuo, anche in funzione della gravità con cui si manifesta l'episodio. L'attacco di panico è comunque generalmente accompagnato da almeno quattro dei sopra citati sintomi.

La terapia "cognitivo-comportamentale" risulta essere quella che la ricerca scientifica ha dimostrato essere più efficace nel trattamento degli attacchi di panico. Si tratta di una psicoterapia relativamente breve, a cadenza settimanale, dove il paziente ha un ruolo attivo nella soluzione del proprio problema.

ANSIA NELL'AFFRONTARE UN CAMBIAMENTO NELLA NOSTRA VITA

Pauline R. Kezer afferma: *"la continuità ci dà le radici, il cambiamento ci regala i rami, lasciando a noi la volontà di*

estenderli e di farli crescere fino a raggiungere nuove altezze".

A volte la vita ci riserva dei cambiamenti pesanti ed inattesi. La sensazione è quella di sentirci sopraffatti dagli eventi, incapaci di conciliare i nostri bisogni e dosare le nostre forze ed energie.

Così potrebbe succedere che non riusciamo a stare al passo con le necessità, e le cose ci sembrano avvenire troppo rapidamente rispetto a quanto ci sentiamo in grado di sostenere. È successo sicuramente a ognuno di noi di decidere di portare avanti un progetto che abbiamo in mente da tanto tempo, oppure di buttarci a capofitto in una nuova attività lavorativa. Ma poi ci ritroviamo ad abbandonare i nostri propositi!

Qual è quell'emozione che scaturisce improvvisa e ci porta ad accantonare i nostri progetti? La risposta non è sempre così scontata. È vero, a volte gli ostacoli possono essere effettivamente esterni: dei genitori ansiosi che ci vogliono sempre "al sicuro", un partner, amici o colleghi che, per varie motivazioni personali, ci scoraggiano.

Ma se gli ostacoli fossero soltanto esterni, potremmo vederli meglio, cercare di aggirarli o affrontarli. L'insidia nasce, invece, dal fatto che spesso siamo proprio noi che in fondo in fondo ci mettiamo i bastoni tra le ruote e non ci permettiamo di dare libertà ad un'idea, ad un tentativo di cambiare qualcosa che non ci piace di noi stessi, del nostro lavoro o delle nostre abitudini. Più precisamente c'è una voce interiore che non vuole farci progredire verso una meta ambita, ci fa sentire frustrati, in colpa, soprattutto se il progetto o il cambiamento a cui aspiriamo è un po' "rischioso" e ci porterebbe ad uscire dalla nostra amata "zona di comfort".

Se prestassimo orecchio ai nostri pensieri quando ci prefiggiamo di fare qualcosa diverso dal solito, potremmo sentire fresi del tipo:

"Ma lascia stare dai, figurati se ti riesce questa cosa, è troppo complessa da portare avanti…"

"Meglio evitare di proporre questa idea, tanto non verrà presa in considerazione, come al solito, sai come funzionano le cose in questo ambiente…"

"È inutile che ti metti a dieta, tanto lo sai già che non la porterai avanti nel tempo, non sai dire di no al cibo spazzatura, alle tentazioni…"

Così, senza rendercene conto, ascoltiamo e soprattutto ci facciamo guidare dai consigli di questa parte di noi e ci ritroviamo sempre allo stesso punto di partenza ma, soprattutto, ci sentiamo frustrati e insoddisfatti, perché ogni nostro barlume di cambiamento viene stroncato sul nascere. Ma perché una parte di noi ci rema contro?

Il suo nome è *resistenza al cambiamento* e la conosciamo più o meno tutti. C'è chi la combatte ogni giorno lottando per realizzare i propri progetti e godendosi poi i risultati ottenuti. C'è invece chi crede che questa voce interiore abbia ragione, che sia quella giusta da ascoltare, allora la segue e si ritrova poi spesso a fare sempre le stesse cose *rassicuranti* e così *"collaudate"*, che procede quasi come avesse un pilota automatico. *La resistenza*, in realtà, non è un vero nemico interiore, è soltanto un aspetto di noi che cerca di proteggerci da eventuali rischi, sofferenze, novità che crediamo di non saper gestire, problemi che crediamo di non saper affrontare o, semplicemente, ci protegge da piccoli o grandi salti nel buio. L'ignoto non è qualcosa che attrae tutti, anzi! La resistenza è, quindi, alimentata dalle nostre stesse **PAURE**.

Il rischio che corriamo però nell'assecondare sempre questa nostra parte protettiva è che non ci permettiamo di progredire, di fare un passo avanti nella nostra vita, di provare ad essere più soddisfatti di quello che facciamo tutti i giorni. Dobbiamo quindi decidere di "uccidere" questo nostro sabotatore interiore?

Certo che no. Dobbiamo, invece, ascoltare con attenzione e magari provare a capire come mai abbiamo bisogno di proteggerci così tanto dal cambiamento, provando a rispondere a queste domande:

- ✓ Cosa mi fa veramente paura?
- ✓ Cos'è che mi trattiene dal cambiare?
- ✓ Cos'è che mi fa aggrappare alla situazione attuale?
- ✓ Quanto è comoda la situazione in cui mi trovo in questo momento?

Nel momento in cui rispondiamo con sincerità a queste domande, dobbiamo accettare il fatto che questa voce non la potremo cancellare. Sarebbe tutto più semplice se tutti noi fossimo soltanto e unicamente dei grandi sostenitori di noi stessi e ci spronassimo a cambiare e a migliorare sempre e comunque. Ma non è sempre così e dobbiamo accettare il fatto che talvolta questa voce farà di tutto per non farci spiccare il volo dal nido protettivo.

Quello che però possiamo certamente fare, dopo averla ascoltata, **è non seguirla**, dimostrando a noi stessi di avere più potere di lei! Darle importanza, credere che siano vere le frasi sabotanti che ci diciamo, è una nostra scelta. Per fortuna possiamo anche scegliere di non assecondarla e andare avanti, nonostante il rischio nascosto dietro l'angolo di ogni terreno ignoto. Lasciamoci andare, quindi, e scoprire quanto può essere morbido un atterraggio sarà sicuramente bellissimo!

In che modo superare il senso di spaesamento che ci accompagna nei primi tempi successivi a un grande cambiamento, ce lo spiega con bellissime parole Schwaller de Lubicz (alchimista, esoterista ed egittologo francese nato nella seconda metà del 1800) quando dice: «*Bisogna imparare ad ascoltare. Bisogna guardare nel silenzio, e bisogna accettare il Niente (cioè tutto ciò che non conosciamo). Poiché ciò che l'uomo chiama niente è ciò che è Realtà*». Più tiriamo il freno e ci proteggiamo, e più il nuovo ci spaventerà e ci farà vedere pericoli ovunque. Osserviamo senza dare giudizi: le cose inconsuete rappresentano un nutrimento di parti nuove di noi stessi: nuovi germogli che ci faranno sentire sempre giovani!

Ma c'è qualcosa d'altro che possiamo fare!

Visualizzare vividamente ciò che desideriamo e cioè il cambiamento a cui aspiriamo. Questo ci permetterà di rendere più "chiaro l'ignoto" ma soprattutto ci potrebbe aiutare ad anticipare le emozioni piacevoli che proveremo una volta raggiunta la meta, inizieremo così a dissipare le tensioni che ci crea l'ansia legata al cambiamento.

Ora che abbiamo osservato meglio le insidie delle resistenze interiori, che abbiamo capito quanto è utile anticipare in fantasia la meta raggiunta e le sensazioni di soddisfazione ad essa associate, dobbiamo **agire**!

Metterci in movimento significa iniziare con delle piccole azioni quotidiane in modo programmato, organizzato e "calendarizzato"! Tutto rimane solo un buon proposito finché non decidiamo cosa fare, come farlo ed entro quando vorremo vedere il nostro progetto realizzato.

E questo prevede ovviamente che dobbiamo iniziare... **ADESSO!**

Molti eventi stressanti si affrontano solo se la persona trova soluzioni concrete, ma anche se riesce a modificare il proprio approccio emotivo e cognitivo. Il significato ed il valore delle proprie azioni e, più in generale la capacità di riorganizzare se stessa: questa capacità si chiama *resilienza*.

Questo sforzo personale è spesso faticoso, qualche volta comporta lievi reazioni di disagio fino a veri e propri disturbi. La sensazione di inadeguatezza nell'approcciare le situazioni può essere netta oppure ci si può trovare stanchi, deconcentrati e emotivamente abbattuti, senza sentire un collegamento con gli eventi accaduti. Se il cambiamento che dovete affrontare vi terrorizza, allora cercate di razionalizzare il più possibile e chiedetevi quanto vi possa essere d'aiuto farvi prendere dall'angoscia. Questi vostri sentimenti sono soltanto il risultato di vostri schemi mentali.

Elaborate dunque la vostra paura, pensando al fatto che spesso alla base di essa c'è solo il vostro modo di pensare, di comportarvi e di reagire, spesso pessimista.

Provate a riportare su un diario le vostre ansie. In questo modo diventeranno maggiormente accessibili alla vostra consapevolezza e ciò non potrà che consentirvi di concentrarvi maggiormente sugli aspetti migliori.

ASPETTI COMPORTAMENTALI DI UN ANSIOSO

Riesaminiamo qui i disturbi legati all'ansia e gli aspetti comportamentali che ne derivano, dividendoli sostanzialmente in 5 gruppi:

- ✓ *L'ansia generalizzata* è uno stato di allarme che il soggetto vive costantemente, a prescindere da eventi esterni; è cronica, dunque più resistente a passare, tuttavia non raggiunge mai l'apice ed ha una bassa intensità.

✓ Gli **_attacchi di panico_**, a differenza dell'ansia generalizzata, hanno una durata breve ma anche una maggiore intensità dei sintomi.

✓ Il **_disturbo da stress post-traumatico_**, per definizione, viene causato da un evento traumatico passato che ritorna sotto forma di flash-back o incubi notturni; potrebbe manifestarsi in condizioni particolari che in qualche modo si associano all'evento traumatico.

✓ Il **_disturbo ossessivo compulsivo_** è caratterizzato dalla presenza di pensieri intrusivi negativi (ossessioni), ruminazione mentale e comportamenti ripetitivi (compulsioni) detti anche "rituali ossessivi". Il rimuginio o la ruminazione è un'attività mentale che assorbe tutte le nostre energie cognitive e ostacola fortemente la vita quotidiana delle persone ansiose.

✓ Nelle **_fobie_** lo stato ansioso è scatenato dalla presenza di un oggetto specifico (ad es. la fobia per gli insetti) in assenza del quale il soggetto non manifesta i sintomi dell'ansia. Anche l'ansia sociale può essere considerata una fobia specifica, che riguarda in particolare la paura del giudizio degli altri.

Ecco alcuni comportamenti ben visibili riconoscibili nelle persone ansiose:

✓ Le **_compulsioni_** sono comportamenti ripetitivi che le persone mettono in atto in maniera quasi ossessiva per mitigare l'ansia e l'angoscia (ad esempio arricciarsi i capelli o mordersi le unghie). Ovviamente si tratta di comportamenti involontari che si manifestano a prescindere dal controllo del soggetto.

✓ La ***ruminazione*** è l'equivalente mentale delle compulsioni, soltanto che invece di riferirsi ad azioni concrete, si riferisce ai pensieri, che nelle persone ansiose assumono un carattere negativo, catastrofico e pessimistico. Queste persone sembrano aspettarsi sempre il peggio da ogni situazione e la ruminazione mentale dovrebbe rappresentare un modo per riflettere su tali situazioni, arginarle e affrontarle. In realtà, però, si rivela un meccanismo inefficace e inconcludente, perché paralizza le nostre azioni e decisioni. La conclusione è che le persone ansiose pensano molto e scaricano soltanto attraverso una forte emicrania.

✓ Il ***perfezionismo*** è un'altra caratteristica che si riscontra nelle persone ansiose, in particolare quando il loro profilo di personalità si avvicina al tipo ossessivo. La smania di aspirare sempre a dare il meglio, non accontentarsi mai dei propri risultati etc. ci mette in condizioni di spingerci sempre oltre le nostre capacità, creandoci un senso di frustrazione.

✓ La ***paura di sbagliare*** delle persone ansiose può essere ricollegata all'idea di perfezionismo appena trattata. Se la persona ha delle aspettative superiori alle reali capacità oppure se pianifica dei progetti troppo ambiziosi, oggettivamente irrealizzabili, il fallimento è assicurato. La ragione non sta nel fatto che ci sia una reale mancanza di capacità, ma per il semplice fatto che la pianificazione non ha tenuto conto degli elementi di realtà oppure abbiamo puntato davvero troppo in alto.

✓ ***I sensi di colpa*** sono altri temi che accompagnano e nutrono i pensieri delle persone ansiose. Sono la diretta conseguenza del rimuginio ossessivo rivolto al passato ("se allora avessi fatto in questo modo, ora non mi sentirei così male"). Il passato, come anche il futuro, fanno parte di quella serie di dimensioni che oggettivamente nessuno può controllare o cambiare. Per questo occorre lavorare sul presente, imparando certo dagli errori del passato, ma senza mortificarci ulteriormente.

✓ ***L'angoscia per il futuro*** è un tema ricorrente nei pensieri e nei discorsi delle persone ansiose. Naturalmente la preoccupazione è rivolta perlopiù al futuro perché rispetto al presente è incontrollabile e difficilmente "manipolabile" dall'individuo. Un modo per superare questo tipo di angoscia è riconoscere ed accettare i propri limiti con serenità: non tutto è sotto il nostro controllo. Ci sono eventi che si verificano unicamente dovuti al caso, alla fatalità, che non possiamo evitare e di cui non possiamo farcene una colpa.

✓ ***La calma apparente***: le persone ansiose appaiono tendenzialmente tranquille, ma in realtà molto spesso si tratta di una calma apparente. Chi soffre di ansia, in particolare di fobia sociale, ha la tendenza a nasconderla per timore di essere giudicato nuovamente dagli altri. Si tratta tuttavia di un'impresa ardua perché l'ansia è molto subdola e si manifesta anche con sintomi fisici che sfuggono al nostro controllo.

✓ **_L'incapacità di agire_** delle persone ansiose è dovuta al fatto che i pensieri intrusivi ostacolano il processo decisionale. Le persone ansiose appaiono spesso insicure e indecise, non arrivano mai ad una conclusione, perché la loro mente è tenuta in scacco dall'ansia e dai pensieri ossessivi. L'incapacità di prendere decisioni naturalmente paralizza anche la possibilità di mettere in atto un'azione concreta, rendendo manifesta l'azione di procrastinare.

CAPITOLO 3: IL RUOLO DELL'ANSIA NELLA RELAZIONE DI COPPIA

COME INIZIA LA TENSIONE NELLA RELAZIONE DI COPPIA

La prima motivazione delle tensioni di coppia è rappresentata dal crollo delle aspettative romantiche. Non è perché l'altra persona ci deluda, quello che finisce per crollare, almeno in parte, è l'insieme di sogni e propositi ideali con cui di solito iniziamo una relazione. Soprattutto quando sentiamo di aver trovato "l'amore della nostra vita".

L'idealizzazione del partner è un aspetto che si verifica naturalmente, fa parte di quell'insieme di processi psicologici che si verificano durante l'innamoramento. Alcune persone sono più inclini a esso rispetto ad altre, ma in tutti i casi si verifica almeno in parte.

In seguito, è altrettanto naturale che inizino a delinearsi delle piccole delusioni. Scopriamo che al nostro puzzle effettivamente mancano dei tasselli. Contrariamente a quanto avevamo immaginato all'inizio, questa persona a volte ci annoia. Arriva perfino a infastidirci. E forse, in fondo, non è poi così diverso dagli altri.

Questo momento segna la fine di molte coppie già nella prima fase di formazione. In altre è soltanto una fase transitoria. L'interesse di fondo si mantiene, così come la compatibilità, e l'affetto è più forte della delusione provata. Queste tensioni di coppia, dunque, vengono viste come un ostacolo che non è determinante. Se lo si vuole prendere in modo drammatico, subirà una crisi tra aspettative e realtà.

Il declino delle aspettative romantiche è solo l'inizio. Diventando una coppia, vari elementi come le idee, i pensieri, i comportamenti, le emozioni, ecc. perderanno di valore. Spesso, a un certo punto di qualsiasi unione stabile, entrambi si chiederanno se non avranno sbagliato totalmente nella loro scelta d'amore.

Così è l'amore: contraddittorio. Le tensioni di coppia sono il pane quotidiano, non l'eccezione alla regola. Non esiste alcun rapporto umano che abbia così tanti contrasti quanto quello tra un uomo e una donna che formano un'unione amorosa. Un errore viene perdonato senza problemi a un bambino o a un amico, ma può assumere dimensioni esagerate all'interno di una coppia. Le passioni, tra cui la rabbia, sono sempre all'ordine del giorno.

Senza nemmeno rendersene conto, tutte le coppie negoziano tacite regole. Uno sarà la parte forte, l'altro si lascerà proteggere. Oppure uno sarà quello comprensivo e l'altro quello esigente. Uno sarà angosciato per tutti e due, l'altro elargirà la nota di calma. Un'unione non si basa solo sulle emozioni, ma anche su forti meccanismi psicologici che, la maggior parte delle volte, radicano nel campo dell'inconscio. E quando tali accordi mai firmati vengono violati, ecco che affiorano le tensioni di coppia.

Un momento di crisi può essere rappresentato, ad esempio, dal passaggio di due individui da amanti a coppia "ufficiale". Può succedere che i due vivano questa trasformazione con l'aspettativa di una grande svolta in positivo, perché finalmente potranno vivere il loro amore alla luce del sole e questo non potrà che farlo crescere sempre di più. In realtà, questo delicato e importante passaggio può deludere le loro aspettative, perché comporta la necessità di ricalibrare la relazione nella vita quotidiana dei singoli, dandole necessariamente un nuovo assetto e significato. Lo stesso può valere per una coppia che decide di andare a vivere insieme dopo tanto tempo, ma anche nel caso di un nuovo lavoro di uno dei due, un trasferimento in una nuova città, o un parente che non sta bene. Anche un evento meraviglioso come la nascita di un figlio può rappresentare una fonte di stress in quanto implica un grande cambiamento.

Il calo del desiderio: Eventi altamente stressanti possono portare i due partner a modificare alcuni comportamenti della propria quotidianità, ad esempio trascurando il proprio aspetto, dedicandosi più al lavoro che alla relazione stessa, dormendo con la porta della camera aperta o con i figli nel letto matrimoniale, avendo rapporti sessuali sbrigativi, o coricandosi prima o dopo il coniuge. Queste modifiche nel modo di comportarsi della coppia possono determinare da parte di uno dei due o di entrambi un calo del desiderio, che può essere associato o meno ad alterazioni anche della sfera dell'eccitazione e/o dell'orgasmo e inibire di conseguenza la dimensione della sessualità.

Il calo del desiderio all'interno della relazione è molto diffuso. Nel ciclo di vita di una coppia subentrano infatti periodi di stanchezza, di tensione, di impegni che necessariamente si riversano e vanno ad inficiare sul rapporto, sia sotto il profilo relazionale che, necessariamente, sotto quello sessuale. Una diminuzione del desiderio, oltre che da grossi cambiamenti sperimentati all'interno della relazione, potrebbe essere determinata dalla routine e dalla quotidianità sperimentata in coppie che stanno assieme da tanti anni.

Anche se provato da uno solo dei due partner, un calo del desiderio sessuale è un disagio che riguarda la coppia come unità, e quindi può portare ad alcune conseguenze negative. Il fatto, ad esempio, che si riducono le affettuosità fisiche tra i partner perché vengono confuse con l'avvio dell'attività sessuale, oppure il fatto che si possa perdere il valore positivo legato alla condivisione delle esperienze sessuali. Fare l'amore, infatti, comporta la condivisione del piacere fisico e di vicinanza emotiva e, quando viene a mancare, anche le normali tensioni diventano più difficili da sopportare.

"Se senti una tensione nella tua relazione di coppia, l'ansia potrebbe avere un ruolo molto rilevante. La tua ansia (o quella del tuo partner) potrebbe infatti mettere a rischio la tua relazione".

Ecco in che modo l'ansia incrina, arrivando perfino a distruggere le relazioni ed ecco cosa possiamo fare per arginarla:

- ✓ *L'ansia rompe la fiducia*: causa paura o preoccupazione che possono renderci meno consapevoli dei veri bisogni in un dato momento. Può anche renderci meno in sintonia con le esigenze del nostro partner; se siamo preoccupati di ciò che potrebbe accadere, diventa molto difficile prestare attenzione a ciò che sta realmente accadendo, semplicemente non lo vediamo. Quando ci sentiamo sopraffatti, il nostro partner potrebbe percepirci come se non fossimo presenti. Alleniamo il nostro cervello a vivere nel presente. Quando notiamo una paura o una preoccupazione che allontana i nostri pensieri dai fatti o dal momento presente, mettiamoci "in pausa" e obblighiamoci a pensare a ciò che conosciamo (al contrario di ciò che non sappiamo). Facciamo dei bei respiri profondi e calmiamoci prima di agire. Condividiamo apertamente i nostri momenti di preoccupazione e "raggiungiamo" il nostro partner (fisicamente o verbalmente).
- ✓ *L'ansia schiaccia la tua vera voce*: chi è ansioso, in genere, ha problemi ad esprimere i propri sentimenti reali. L'ansia può farci credere che qualcosa debba per forza essere discusso immediatamente, quando in realtà una breve pausa potrebbe essere molto più utile. Se non esprimiamo ciò che sentiamo o quello di

cui abbiamo veramente bisogno, l'ansia allora diventa più forte. Inoltre, le emozioni trattenute ed inespresse potrebbero sfociare in una spirale incontrollabile. Impariamo a riconoscere i nostri sentimenti *prima* piuttosto che *dopo*. Un sentimento o una preoccupazione non devono essere necessariamente un disastro per essere affrontati! Avviciniamoci al nostro partner con gentilezza e troviamo il giusto tempo per decomprimere alcuni pensieri o paure che circolano nella nostra mente: stanno solo rubando il nostro tempo e prosciugando le nostre energie.

✓ *L'ansia ti fa comportare egoisticamente*: chi sperimenta l'ansia tende a concentrarsi troppo sui propri problemi o sulle preoccupazioni, che potrebbero esercitare una pressione eccessiva sulla relazione della coppia. Potrebbero impedirci di essere compassionevoli e vulnerabili con il nostro partner. Se il nostro partner prova ansia, potremmo sviluppare risentimento e reagire in modo egoistico. Le attitudini e le prospettive che abbiamo sono spesso contagiose. Mantenere i livelli di stress sotto controllo è particolarmente difficile quando il partner si sente ansioso, turbato o è in una posizione di difesa. Quindi prendiamoci cura dei nostri bisogni, non delle nostre paure. Quando ci accorgiamo di diventare paurosi o di stare troppo sulla difensiva, prendiamoci un momento per considerare la compassione che abbiamo per noi stessi e per il nostro partner.

✓ *L'ansia è l'opposto dell'accettazione*: una sana forma di preoccupazione ci dirà "che qualcosa non va bene", e arriva attraverso quella rapida pulsazione del nostro cuore o con quella sensazione di tensione allo stomaco. Questo segnale ci aiuta ad agire, ad esempio quando ci troviamo a difendere qualcuno. Eccessivi livelli di ansia ci fanno sentire come se un "rock" emotivo si stesse scatenando nello stomaco per quasi tutto il tempo. L'ansia fa rifiutare cose che non sono pericolose ed evitare cose che potrebbero avvantaggiarci. Ci può impedire di agire in modo sano per cambiare le cose della nostra vita che ci fanno male, esercitiamoci quindi a gestire il disagio. Non è necessario ignorare né ossessionarsi su un pensiero scomodo. Impariamo a fare azioni costruttive se possibile. A volte il nostro partner ha solo bisogno che noi siamo presenti e partecipi ai suoi sentimenti, e a volte dobbiamo offrire questa medesima possibilità anche a noi stessi.

✓ *L'ansia rapisce la gioia*: sperimentare la gioia richiede un senso di sicurezza o di libertà. L'ansia ci fa sentire timorosi o limitati. Inoltre, un cervello e un corpo troppo stressati dall'ansia, possono non riuscire a godere del sesso e dell'intimità. I pensieri negativi e le paure influenzano notevolmente la capacità di una persona di essere presente all'interno di una relazione, risucchiandone la gioia. Usiamo il senso dell'umorismo per superare l'ansia e non prendiamoci troppo sul serio. Ricordiamoci di ridere e giocare con il nostro partner. La gioia ha la capacità di guarire il fisico e conforta il cervello in modi che sono vitali per una relazione sana. Costruire fiducia all'interno della nostra relazione può ridurre il potere dell'ansia. Comprendendo come l'ansia influisce sulle relazioni, si possono creare cambiamenti positivi all'interno di una relazione dinamica. Capita spesso di avere bisogno di un aiuto, di un consulto per superare l'ansia e ciò che essa comporta così da poter ritornare a vivere serenamente, avere la gioia di un rapporto di coppia che diventi un'oasi. Molto spesso prendersi cura della propria ansia è un toccasana per la propria relazione e un grande regalo per sé e per il proprio partner.

GLI EFFETTI DELL'ANSIA IN UNA RELAZIONE DI COPPIA

In letteratura molti sono i risultati prodotti sull'influenza dell'ansia sulla salute mentale, emotiva e fisica, ma poche ricerche hanno considerato l'impatto che l'ansia può avere sulla "salute" della relazione di coppia.

Abbiamo visto come l'ansia possa causare periodi in cui si presentano panico, sentimenti di paura o sopraffazione oltre ad un senso generale di tensione e disagio. Tutto questo genera una ripercussione sui nostri pensieri e sulle sensazioni tale da iniziare a permeare le molte aree della nostra vita.

Quando all'interno di una relazione è presente molta tensione, l'ansia potrebbe avere un ruolo chiave, che ci deve portare a chiederci quanto e come potrebbe mettere a rischio la relazione.

L'ansia è un sintomo con un significato relazionale, ovvero il senso di malessere che proviamo può essere spiegato dall'analisi di alcuni dinamiche relazionali o di alcuni legami.

L'ansia è il sintomo per eccellenza, insieme alla dipendenza, che ha come effetto la ricerca di una vicinanza *"supportiva"* ovvero *"di sostegno"* da parte di un'altra persona. Nel caso di un bambino o di un adolescente si può instaurare un particolare legame di sostegno con la madre. Nel caso di una coppia questo particolare tipo di legame si può instaurare con il partner.

Come abbiamo già detto, le cause sono dovute ai pensieri che formuliamo e al modo di affrontare le situazioni.

Nella coppia l'ansia può essere dovuta ad un periodo di particolare preoccupazione o stress da parte di uno dei due partner, evento che altera le dinamiche di coppia.

Ad esempio, se ci mostriamo ansiosi possiamo avere imparato che gli altri si prenderanno cura di noi, oppure nel momento in cui vi è una situazione di elevata conflittualità l'ansia può spostare l'attenzione dal conflitto al malessere, facendoci evitare di affrontare qualcosa di importante.

Colui che manifesta l'ansia non è colui che ha problemi, ma in ottica sistemica diventa colui che si prende carico di un messaggio da dare alla coppia, che consenta di esprimere ciò che a parole non arriverebbe.

Esistono coppie ansiose perché esistono persone che come sintomo manifestano l'ansia e questa va ad influenzare poi l'andamento relazionale e familiare. L'ansia si trasmette e si impara a conviverci soprattutto se è associata a dei vantaggi positivi come il "tenere qualcuno legato a sé", il "rendersi dipendenti dall'altro" o "l'avere un sostegno su cui appoggiarsi".

Nel partner "non ansioso" si può instaurare per contro un senso di responsabilità e di oppressione tali da attivare una sorta di rifiuto piuttosto che di vicinanza. L'ansia nella coppia potrebbe essere anche una manifestazione di un qualche meccanismo che non funziona, e potrebbe essere interpretata come una richiesta implicita di aiuto.

L'ansia si sconfigge, basta conoscerla e guardarla con attenzione. Quando nella coppia l'ansia diventa troppo forte tanto da essere invalidante, è importante superarla in coppia, dando voce ad un problema che non è solo della persona che ne soffre ma, nella maggior parte dei casi, ha un significato relazionale. Se l'ansia viene accolta può insegnare molto su chi si è, su cosa ci fa bene e su che tipo di relazioni siano sane per noi.

Ecco alcuni suggerimenti per gestire al meglio l'ansia:

- ✓ Impariamo a vedere l'ansia come un sistema per comunicare qualcosa che abbia un significato e un valore anche per chi ci sta accanto;

- ✓ Impariamo a comunicare ed esternare l'ansia, non teniamoci tutto dentro;
- ✓ Impariamo a chiedere aiuto e concediamoci il tempo necessario per riprenderci: più impariamo a gestire l'ansia e meglio sapremo affrontarla.

Dall'ansia da separazione a quella da prestazione, ansia e amore si sposano spesso, soprattutto nella prima fase iniziale di una relazione o nei momenti di cambiamento.

I disturbi d'ansia possono rappresentare un peso per l'individuo e la sua famiglia: influiscono sul funzionamento quotidiano del nucleo familiare, richiedono esigenze maggiori di adattamento e rivalutazione delle abitudini esistenti dei membri della famiglia. Insomma possono causare disfunzioni familiari, specialmente nella relazione coniugale (Kasalova et al. 2018).

L'insoddisfazione in una relazione può fungere da stimolo per lo sviluppo di disturbi d'ansia e potrebbe anche essere responsabile della modulazione e del mantenimento di questi disturbi. La causalità comunque può essere anche inversa, in quanto l'insoddisfazione all'interno della coppia può anche essere la conseguenza della manifestazione dei disturbi d'ansia. Il legame che esiste tra i disturbi d'ansia e le relazioni familiari è bidirezionale: gli studi sulla popolazione indicano forti associazioni tra un disturbo d'ansia in un partner e percezioni di scarsa qualità coniugale da parte di entrambi i partner. Diverse ricerche hanno anche dimostrato che il disagio coniugale è significativamente associato all'aumento del rischio, da parte di uno o di entrambi i componenti della diade, di avere un qualsiasi disturbo d'ansia concomitante, in particolare disturbo d'ansia sociale (SAD), disturbo d'ansia generalizzato (GAD) e disturbo da stress post-traumatico. L'ansia, quindi, trova sempre il modo di influenzare negativamente il rapporto di una coppia.

Gli individui che soffrono di un disturbo d'ansia possono sentirsi in colpa nei confronti dei loro partner a causa del comportamento di tolleranza di cui necessitano e dell'aiuto che ricevono (non importa quale sia il tipo e la qualità dell'aiuto fornito). A volte si sentono in debito a causa del sostegno ricevuto, possono sentirsi inferiori e avere atteggiamenti di sottomissione. Oppure può accadere che il partner portatore di un disturbo d'ansia inizi a rimproverare gli atteggiamenti dell'altro catalogandoli come negativi; il rischio è quello di iniziare a usare i propri problemi psicologici come scusa perché ci si aspetta un aiuto dagli altri o, meglio ancora, la soluzione della situazione. Il risultato è che si inizia a controllare e criticare il partner e questa situazione di tensione può portare a problemi nel matrimonio oltre che a disturbare il funzionamento della famiglia.

Diversi sono gli elementi di pericolo che contribuiscono allo sviluppo dei disturbi d'ansia e talvolta riesce difficile identificarne i fattori precipitanti.

Sorprendentemente gli adulti con disturbi d'ansia percepiscono nel breve termine una scarsa qualità della relazione. Non è detto che questo comprometta in maniera irreversibile la vita di coppia, ma anzi, a lungo termine, potrebbe anche rafforzare l'unione tra i coniugi (Zaider et al,

2010). Questo perché l'ansia può diventare occasione per sviluppare delle abilità relazionali *ansia-specifiche*, che si traducono in efficaci comportamenti di supporto (mostrare affidabilità, accudimento, preoccupazione, affetto e uso dell'umorismo).

Gli adulti con disturbi d'ansia possono addirittura percepire un livello più elevato di qualità della relazione durante gli episodi di ansia, grazie al maggiore sostegno ricevuto dal partner in quel momento. Al contrario, quando le coppie gestiscono il problema dell'ansia con il conflitto o l'evitamento, allora la relazione viene percepita come problematica.

In particolare Zaider et al hanno indagato la percezione della qualità della relazione coniugale quando sono le mogli a possedere un disturbo d'ansia. Le ricerche suggeriscono che, nei giorni in cui le mogli hanno sperimentato una maggiore ansia, i loro mariti hanno più probabilità di riportare una riduzione delle qualità positive della relazione. La qualità della relazione in generale viene quindi percepita come positiva.

Questo significa che avere un serbatoio di esperienze relazionali positive può essere fondamentale nel compensare gli effetti erosivi dello stress o del conflitto nella relazione.

I PRIMI SEGNALI DI INSICUREZZA

Innamorarsi e volere bene a qualcuno implica fare un salto nel vuoto e condividere la parte più intima di noi stessi. Ecco perché alcune persone provano una forte insicurezza nel rapporto di coppia. Amare significa avere fiducia, lasciare fluire emozioni e situazioni e aprirsi ad un'altra persona.

La coppia deve rappresentare un luogo sicuro nel quale potersi esprimere e mostrare chi si è davvero senza preoccupazioni. Nel momento in cui questo non è possibile, è probabile che la relazione si avveleni a causa dell'insicurezza e dei dubbi.

Concentriamoci quindi sui segnali dell'insicurezza nel rapporto di coppia, che possono presentarsi quando la relazione è già avviata o quando si considera finita. Uno dei segnali di insicurezza è abbandonare a priori "il terreno di gioco", ancor prima di scendere in campo. Parliamo quindi di quando si conosce qualcuno che ci piace molto, ma ancor prima che si sia formato qualsiasi tipo di vincolo o di relazione, iniziano ad affiorare l'insicurezza, la vertigine, la paura di essere feriti o abbandonati.

Controllo e gelosia: una delle reazioni causate dall'insicurezza nel rapporto di coppia è la ricerca di controllo sulla relazione (le cose che si fanno insieme) e sul partner (quello che fa o che smette di fare). Alcune persone hanno un bisogno molto alto di controllo per non sentirsi minacciati, necessità che spesso riversano sul partner.

In genere quando una persona cerca di controllarne un'altra, è perché si sente insicura. Un bisogno di controllo molto alto apparentemente può andare di pari passo con problemi psicologici come il disturbo ossessivo compulsivo.

L'insicurezza in un rapporto di coppia si manifesta anche sotto forma di gelosia. Segnale di insicurezza per eccellenza. Anche le persone sicure della propria relazione e che hanno fiducia in se stesse possono essere gelose, ma senza quell'intensità o frequenza tale da dominarle.

Un ottimo sistema per combattere la gelosia è eliminare tutti i comportamenti che portano a questa sensazione, come ad esempio, chiedere in maniera ossessiva al partner dove si trova, a che ora arriverà, chi ha visto, guardare il suo profilo sui social network, ecc.

Aspettarsi *continue dimostrazioni di affetto* dal partner è un segno di insicurezza nel rapporto di coppia. Fa piacere a tutti ricevere dimostrazioni affettuose, ma è ben diverso contare le volte che il partner fa un gesto affettuoso, se non, addirittura, pretenderlo fino a misurarne il numero!

Chi si sente insicuro del proprio rapporto ricorre a espressioni come: "non sei affettuoso/a come lo sei con i tuoi amici" o "quando siamo a casa, non dimostri il tuo affetto e quando invece siamo in compagnia sì". Sono tutti segnali di paura, insicurezza e bassa autostima.

D'altra parte, bisogna considerare che queste valutazioni sono naturali se fatte con poca frequenza. Chi è sicuro di se stesso e della propria relazione capisce che si passa per diversi stati e che ognuno di essi modifica la propria disposizione verso gli altri, incluso il partner.

La ricerca della Dottoressa Megan McCarthy nell'Università di Waterloo afferma che quando si ha una bassa autostima, la persona tende a non parlare dei propri bisogni per non infastidire il partner. Nella maggior parte dei casi, però, questo rende difficile creare un vincolo ed un rapporto sano, dato che con il tempo possono affiorare i rimpianti, le critiche e il malessere.

Discutere, non essere d'accordo con il proprio partner è **sano**. I disaccordi e le divergenze d'opinione sono necessari per imparare a convivere con l'altra persona. Ognuno di noi, infatti, ha le proprie caratteristiche e i propri bisogni che necessariamente vanno espressi.

Sono molte le persone che cercano di allontanare qualsiasi presagio di discussione, pensando che si tratti di un sintomo di debolezza all'interno della coppia. Così facendo si evita di condividere le proprie opinioni per promuovere discorsi che coincidano con le idee espresse dal partner.

Questa abitudine, che nel breve termine può fare bene alla comunicazione, alla lunga finisce invece per distruggere la persona e la coppia. D'altra parte, la mancanza di spontaneità, invece di eliminare l'insicurezza nel rapporto di coppia, la aumenta.

I tre segnali di cui abbiamo appena parlato non solo sono utili per identificare l'insicurezza nel rapporto di coppia, ma sono anche buone strategie per cambiare atteggiamento. La coppia è un pilastro importante in grado di favorire il benessere solo quando si sente di potervi fare affidamento restando se stessi. In caso contrario, genera grande tensione.

Ricordiamo sempre che **l'insicurezza è il germe delle relazioni tossiche!**

DUBBI, GELOSIA E RICHIESTE ECCESSIVE

"Gelosia, quel drago che uccide l'amore con il pretesto di mantenerlo in vita."

H. Ellis

La gelosia fa bene o fa male alla coppia? E' più un'espressione d'amore o di fragilità e bisogno di controllo?

Iniziamo subito a dire che la gelosia è uno stato emotivo che si fonda sulla paura, più o meno realistica, di perdere la persona amata, che potrebbe preferire qualcun altro a noi, lasciandoci con un doloroso senso di abbandono ed esclusione.

Gli ingredienti principali della gelosia sono: il dolore per la perdita, reale o immaginata, dell'amato; la conseguente ferita narcisistica, cioè al nostro amor proprio; l'ostilità verso il rivale che ci avrebbe spodestato; l'autocritica per non essere stati capaci di conservare l'amore del partner.

La gelosia è caratterizzata sempre da un'ambivalenza, cioè da sentimenti contrapposti, verso l'amato: amore e odio, desiderio e rabbia, avversione e timore della perdita.

Affonda le radici nel mondo interiore più che nella realtà; è un sentimento assolutamente umano e, in certe dosi, "normale". La gelosia non è razionale, ossia basata sulla realtà dei fatti, proporzionata agli eventi e sotto il controllo cosciente, ma è piuttosto legata al nostro inconscio e trae origine dalla vita infantile.

Nella prima infanzia la paura di perdere l'oggetto d'amore è un terrore radicato a livello biologico, oltre che psicologico: senza il genitore il piccolo non potrebbe sopravvivere, né fisicamente né mentalmente. Parliamo di uno stato di dipendenza assoluta dalla figura di accudimento, che piano piano si supera grazie alla disponibilità del genitore a fungere da "base sicura", punto di riferimento stabile e rassicurante, mentre il bambino scopre sé stesso come persona autonoma ed inizia ad esplorare il mondo.

Verso i tre anni, con la crescita, si apre lo scenario edipico: il bambino esce da quella dimensione di relazione "a due" e si rende conto di essere inserito in una realtà sociale, che prevede la presenza di almeno tre persone: lui, la mamma ed il papà, i quali hanno anche un rapporto tra loro, da cui egli ne è escluso. Nasce il desiderio di avere un genitore tutto per sé (generalmente quello del sesso opposto) e la competizione con l'altro genitore, che sottrae le sue attenzioni. Questa gelosia "edipica" è il modello della gelosia adulta.

Quando qualcosa nell'infanzia ha turbato l'elaborazione ed il superamento della dipendenza assoluta e della gelosia edipica, questi potenti vissuti infantili tornano a galla come macigni non digeriti che vanno a turbare le relazioni sentimentali dell'adulto.

La gelosia si nutre di dubbi, sospetti, più che di fatti, a testimonianza del suo profondo legame con il nostro mondo immaginario ed inconscio. Paradossalmente, quando i sospetti sono confermati, subentra il dolore, la rabbia, ma la gelosia come "ossessione" diminuisce la sua carica emotiva.

La gelosia può avere anche un aspetto *proiettivo*, cioè nascere dai propri stessi desideri di infedeltà spostati sul partner. La persona che fantastica avventure "extraconiugali", o addirittura le performa, sarà portato a fraintendere atteggiamenti e gesti anche innocenti del partner, interpretandoli come tentativi di seduzione o prove di una complicità in atto.

Quando poi la gelosia diventa delirante, e si sgancia completamente dalla realtà, siamo di fronte ad una forma di patologia grave, simile alla paranoia, che necessita di immediata attenzione clinica.

Il geloso si preoccupa più di sé che del partner!

> *"L'innamorato geloso sopporta meglio la malattia dell'amata che la sua libertà".*
>
> M. Proust

Mentre capita a tutti di essere occasionalmente gelosi, le persone che soffrono di gelosia eccessiva vivono la paura dell'abbandono come un tarlo ed un tormento. La loro estrema possessività e l'assillante bisogno di esclusività, rivelano una profonda insicurezza, ferite narcisistiche (talvolta ben nascoste), un'immaturità emotiva e la paura di perdere il controllo.

In tal senso, la gelosia è più un segno di fragilità personale che la manifestazione di un legame con l'altro, più amore di sé che per il partner, che viene spesso vissuto, inconsciamente, come uno strumento di sicurezza e realizzazione personale piuttosto che come una persona a sé stante, con le proprie esigenze e bisogni.

Una gelosia eccessiva testimonia la difficoltà ad entrare realmente in rapporto con l'altro ed amare quindi in modo maturo: quello che viviamo sono i nostri fantasmi, le nostre paure più profonde, come quella di non valere abbastanza per essere amati. Dunque, in un simile frangente, perdere l'amore equivale a perdere l'autostima.

Se il **senso di sé** non è saldo, il partner non è più qualcuno di separato da noi con cui entrare in relazione, legarsi ed, eventualmente, slegarsi. Diventa **una stampella per il nostro fragile Io**, qualcuno che deve colmare le nostre mancanze e soddisfare i nostri bisogni. Entra dunque in gioco una profonda dipendenza e delle **dinamiche narcisistiche**, cioè legate alla visione di sé, più che al rapporto con l'altro.

Facciamo attenzione perché i pensieri ossessivi e i comportamenti di controllo sono i primi sintomi della **gelosia patologica.** Ansia e depressione, intense emozioni negative, comportamenti ossessivi e, a volte, aggressivi, sono i primi segnali di una gelosia patologica.

E dove ci porta la gelosia patologica?

Alla perdita del partner! Non possiamo pretendere che la nostra relazione di coppia possa basarsi su un tormento continuo, sui controlli. Siamo già arrivati al punto di togliere la libertà al nostro partner? Gli vietiamo di uscire con gli amici? Di fare le telefonate con loro? Siamo già andati sul suo posto di lavoro a fare scenate? A controllare con chi è e cosa fa? Quando rientra dal lavoro gli facciamo il terzo grado?

Andiamo a caccia di minuziosi, ma inesistenti indizi, perché pensiamo che anche il più piccolo dettaglio possa essere una prova schiacciante di un possibile tradimento. Seguiamo il nostro partner ovunque o, peggio, abbiamo ingaggiato qualcuno per farlo. Controlliamo vestiti, portafogli, borse, cassetti, automobile. Per non parlare del controllo stretto sul cellulare, sul suo PC o tablet o, comunque, qualunque mezzo che rappresenti uno strumento di comunicazione con l'esterno: da qualche parte ci deve essere la prova del tradimento!

Siamo ossessionati dalla certezza del tradimento. Tormentiamo il partner con le accuse, e le sue negazioni sono per noi la conferma delle sue bugie. Ci costruiamo tutta una serie di storie che ai nostri occhi rappresentano la verità assoluta, ma che nella realtà non hanno alcun riscontro pratico.

Se stiamo rispondendo di **sì** anche solo ad alcuni punti di questa lista di sintomi della gelosia patologica, allora dobbiamo ammettere di essere un geloso patologico. E che la nostra gelosia ossessiva sta rovinando la vita non solo al nostro partner, ma anche a noi stessi!

Ma sono più gelosi i maschi o le femmine?

La gelosia "equilibrata", non quella patologica, è stimolante in una coppia perché riporta l'attenzione sull'importanza della presenza e dell'esclusività dell'altro, dando quindi sapore alla relazione.

L'intensità della gelosia provata è uguale per maschi e femmine, sono i comportamenti messi in atto che sono diversi tra i due sessi.

Gli uomini sembrano preferire comportamenti più attivi in caso di tradimenti della loro compagna: affrontano il problema, cercando anche il rivale per avere un confronto.

Mentre le donne soffrono di più a livello emotivo, tendono a non smascherare il compagno, perché lo ritengono troppo doloroso. È possibile che alcune donne maturino sensi colpa, e si attribuiscano la responsabilità del tradimento agito dal partner.

La reazione più comune ad entrambi i sessi è quella di rimuginare in modo tormentato sull'accaduto, e questo avviene con frequenza, durata e intensità equivalente in entrambi i sessi.

Parlando di gelosia patologica, sembra che tra le donne, si registri il tasso più alto di gelosia depressiva e ossessiva, mentre tra i maschi a prevalere è la forma più preoccupante della gelosia paranoica.

I sintomi della gelosia patologica si possono combattere. È molto utile parlarne, chiedere aiuto subito. Lasciarsi aiutare per poter ricostruire il proprio senso di sicurezza personale e diventare così più forti. Dobbiamo azionare il cambiamento positivo, se vogliamo guarire dalla gelosia patologica o, aiutare il nostro partner ad uscirne: **chiediamo aiuto**.

MANCANZA DI FIDUCIA

"Io mi fido di te, tu fidati di me!"

La mancanza di fiducia in una coppia rovina le relazioni nel profondo; certo ci vuole tempo per costruirla, ma alcune volte sembra bastare un attimo per perderla. La mancanza di fiducia nella coppia crea inevitabilmente un distacco non facile da colmare. Se entrambi gli elementi di una coppia hanno ancora voglia di stare insieme, allora questa mancanza si può colmare.

Il rispetto e la fiducia devono sempre essere reciproci, altrimenti si rischia di rovinare nel profondo una storia. Nella coppia è normale avere problemi, dubbi e incomprensioni.

Eppure se entrambi credono ancora nella relazione, è importante sforzarsi e mettere i giusti tasselli per renderla ancora più solida.

Avere fiducia è una cosa che si impara, e lo stesso vale anche per la mancanza di fiducia. Non si tratta di un sentimento che nasce spontaneamente, bensì è il frutto di una risposta -più o meno cosciente- che deriva dall'esperienza vissuta. Tutti noi portiamo un bagaglio di esperienza in merito alle relazioni di coppia che spiega, almeno in parte, il nostro essere più o meno il nostro atteggiamento di fiducia nei confronti dell'altra persona.

"La fiducia dovrebbe essere vista come un dono!"

Creare fiducia è fondamentale in una relazione ed è il punto di partenza per vivere una storia che ci renda felici e sereni. "La fiducia è la base su cui una storia si costruisce e si consolida; significa affidarsi e concedersi ad un rapporto con la consapevolezza che l'altro è in grado di accogliere, sostenere e proteggere" Per molti rappresenta qualcosa che si deve meritare e guadagnare, una sorta di carta di scambio, una concessione. Dal mio punto di vista la fiducia dovrebbe invece essere vista come un dono che ci si fa reciprocamente, un atto di generosità verso se stessi prima di tutto. La fiducia indica la precisa volontà di mettersi in gioco incontrando l'altro in un territorio nuovo per tutti e due, in cui è necessario allentare le barriere di difesa e costruire un nuovo spazio che contenga entrambi con le relative individualità e differenze. Avere fiducia nel partner vuol dire affidarsi e sentirsi sicuri, una vera e propria necessità per stare bene in coppia.

Fidarsi è un duro lavoro, tutt'altro che facile, soprattutto quando si vivono momenti in cui ci si sente traditi, delusi e abbandonati e non compresi da chi ci dice di amarci.

Diverse possono essere le cause della mancanza di fiducia in amore, cause che non hanno a che fare solo con la dinamica di coppia, ma anche con la visione e la considerazione che abbiamo di noi stessi.

Qui di seguito trovate alcuni punti che aiutano a capire meglio perché si perde fiducia nel proprio partner:

- ✓ *Tradimento.* È una delle cause principali che crea una ferita difficile da rimarginare in chi è stato tradito. Anche quando l'infedeltà sembra superata, la mancanza di fiducia che si è instaurata può diventare una costante pericolosa nel rapporto di coppia.
- ✓ *Bassa autostima.* Una persona molto insicura può alimentare il pensiero inconsapevole di non meritare l'amore e l'affetto del partner. Questo sentimento può manifestarsi sotto forma di controllo e diffidenza che nuoce alla salute del rapporto influenzandolo enormemente.
- ✓ *Incapacità ad affidarsi.* Se durante l'infanzia si sono vissute relazioni all'insegna dell'abbandono e/o delle separazioni traumatiche, sulle nostre emozioni prevarrà un controllo di autodifesa che renderà molto

difficile affidarsi all'altro e lasciarsi andare per davvero ad una serena intimità.

✓ *Aspettative differenti.* Può succedere che in un rapporto gli obiettivi non siano esplicitati e che ognuno si aspetti cose differenti. Convivenza, viaggi, futuro insieme, quando a desiderarli è solo uno dei partner, allora si possono creare squilibrio e frustrazione che alla lunga minano sia la fiducia che i sentimenti.

✓ *Problemi sessuali.* Il sesso ricopre un ruolo fondamentale in una coppia e quando sussistono problematiche in questo ambito, specie se non affrontate, è facile che uno dei due partner possa interpretare questo come una mancanza di desiderio nei suoi confronti o, peggio, come esplicitazione di desiderio per qualcun altro.

✓ *Mancanza di comunicazione nella coppia.* Se nel rapporto la comunicazione è fallimentare, ciò che non viene detto prevale sul detto, e i reciproci silenzi finiscono per produrre distanza, incomprensioni e sfiducia che alla lunga facilmente possono minare il legame.

✓ *Gelosia.* Che sia retroattiva o attuale, la gelosia è sempre un elemento di rischio in una coppia. I sentimenti di possesso, le continue e assillanti domande, gli interrogatori, le supposizioni, le frequenti scenate, se non tenute a bada, possono distruggere la fiducia (specie in chi la subisce) e creare un allontanamento.

✓ *Bugie*. Possono essere semplici ed innocenti o gravissime bugie: alla lunga il risultato sarà quello di creare "nebbia" in un rapporto fino a rendere impossibili stima e fiducia.

È necessario colmare la mancanza di fiducia nella coppia!

La perdita di fiducia in una persona che si ama può innescare una serie di reazioni a catena di altre problematiche, che vanno ad incidere sul rapporto logorandolo, fino ad arrivare anche a mettere in discussione tutto. Sentire di non poter più contare sul lui o la lei che ci sta accanto può portare a provare fastidio per ogni azione che compie, a perdere il rispetto e tirare fuori aggressività, dando vita a discussioni dove si cerca il conflitto e non la risoluzione. Ci si accusa a vicenda e si finisce per sentire solo la propria sofferenza. E questo può creare una grande stanchezza emotiva, depressione e problemi di comunicazione, che se non vengono affrontati possono portare anche alla rottura della storia. "Quando la fiducia viene meno in un rapporto, gli atteggiamenti disfunzionali diventano un vortice in cui si è risucchiati".

Il modo migliore per uscirne è riconoscere e ammettere velocemente con sincerità che qualcosa non sta funzionando. È necessario dare un nome alle emozioni che si provano ed avere il coraggio di comunicarle prima a sé stessi e poi all'altro, per tentare di rimettere in moto un circolo virtuoso di dialogo e confronto positivi.

Riconquistare fiducia nella coppia: accettiamo il fatto che come abbiamo costruito fiducia all'inizio della nostra relazione, possiamo rifarlo ancora e "impostare una nuova relazione".

Impariamo a comunicare nei momenti che sappiamo essere opportuni e sforziamoci di ripristinare un buon dialogo. Imparare a farlo, necessita di un tempo adatto per guardarsi negli occhi senza fretta e per raccontarsi bisogni e desideri reciproci.

La fiducia va allenata. Giochiamo con il nostro partner ed esercitiamoci a lasciarci guidare attraverso degli esercizi che attivano la capacità di affidarsi all'altro per sentirsi sostenuti e accolti.

"Mi fido di te, fidati di me". Seduti uno di fronte l'altro, occhi negli occhi, mani nelle mani, formulare queste brevi frasi può mettere in contatto con la reale capacità personale di fidarsi e chiedere fiducia. Significa sapersi osservare, guardare dentro e ascoltare se stessi e il partner.

"Ti perdono". Se esistono ferite del passato che non si sono rimarginate, è necessario lavorare sul perdono e sulle motivazioni che hanno portato reciprocamente a fratture e azioni che hanno nuociuto al rapporto.

QUANDO L'ANSIA ROMPE LA FIDUCIA

È risaputo che l'ansia è nemica giurata della fiducia. Come fare a non avere pensieri catastrofici sul futuro, a non avere paura di quello che potrà succedere? Vorrei parlarvi di come sia necessario e importante, per vivere senza ansie esagerate, acquistare fiducia sulle proprie capacità. Magari verranno ripetuti concetti già detti, ma con una prospettiva tutta nuova incentrata sulla fiducia, che mi permette di segnalare l'importanza di muoversi sapendo di poter riuscire.

Spesso conosciamo la soluzione di quello che ci sembra un problema, ma poi, per varie ragioni, non riusciamo a metterla in pratica. Uno sa che fumare fa male ma non riesce a smettere; la soluzione in questo caso è non fumare in modo compulsivo per sentirsi meno a disagio, meno nervosi. Una sigaretta goduta non è un dramma, ma fumare tanto e pensare che la sigaretta elimini la tensione, che senza non si potrebbe stare, sviluppa una dipendenza dannosa. Tutto – se lo trasformiamo in un abuso – ci fa male: pensiamo all'abuso di cibo, di alcool, ecc.

La paura di non riuscire ci porta a trovare delle false soluzioni e a evitare di affrontare le alternative più efficaci e valide.

La tensione non si supera fumando, bevendo o mangiando tanto, ma andando a capire cosa ci causa questo nervosismo e provando a dare meno peso a determinate cose, a ridurre il carico di lavoro, ad accettare situazioni brutte che ci sono capitate. Impariamo a non ingigantire i fatti e cerchiamo di non vedere tutto come un pericolo grave.

Per scacciare la paura, bisogna acquistare fiducia e smettere di lasciarsi guidare nelle nostre scelte dal timore di sbagliare, di fare male, di non saperlo fare o dall'ansia che ci capiteranno eventi terribili.

Fare dei lunghi respiri, ritrovare il fiato e ripartire…vivere è cadere e rialzarsi. Sempre! Perché se cadiamo 7 volte, sarà necessario che ci rialziamo 8!

Dobbiamo avere consapevolezza delle nostre possibilità, delle nostre capacità. Passare da questa affermazione alla fiducia vera e propria, ci permette di lasciare la porta aperta alle mille possibilità che ci sono per noi. La fiducia non ci dà certezza, questo sappiamo che è impossibile, non ci fa prevedere il futuro, ma ci permette di agire, mettere a frutto le nostre capacità per poter poi raccogliere i risultati del nostro impegno.

La capacità è una risorsa potente ma se non la sfrutto non posso realizzare i miei obiettivi, non posso dare il meglio di me. In questo la paura ci ostacola, ci imbriglia nei dubbi e ci porta nell'abisso di pensieri contraddittori e negativi, che ci bloccano, ci imprigionano, precludendoci l'azione.

La fiducia è <u>la soluzione</u> contro l'ansia. Conviene avere fiducia, perché la paura non ci lascia vivere.

Se si vuole stare bene, se si vogliono affrontare le situazioni, occorre valutare sempre le proprie capacità, metterle in pratica e agire bene oggi per avere fiducia di poterlo fare anche in futuro e di guardare il mondo a testa alta.

Facciamo un riepilogo attento dei nostri desideri e cerchiamo di conciliarlo con quello che sappiamo e possiamo fare: questo ci permetterà di crearci un progetto per migliorare, perfezionare e apprendere le competenze che ci serviranno. Impariamo inoltre a impiegare le nostre risorse, sempre, dando ogni volta il massimo.

Spesso in queste situazioni entra in gioco l'*autostima*, ovvero la valutazione che una persona dà di se stessa, il valore che si attribuisce come persona. Le persone con una scarsa autostima hanno una visione negativa del proprio valore, incondizionata, pervasiva e di lunga durata.

Le persone che hanno una bassa autostima sperimentano:

- ✓ Una scarsa fiducia in sé stessi e nel mondo che li circonda
- ✓ La difficoltà ad ascoltarsi e individuare obiettivi realistici e coerenti con le proprie aspirazioni
- ✓ La tendenza a dipendere dagli altri per ciò che riguarda la definizione del valore come persona anche in relazione alle capacità
- ✓ Una ricerca continua del consenso degli altri, uno scarso spirito di iniziativa ed una scarsa disponibilità a rischiare
- ✓ La tendenza a reagire d'impulso

✓ La mancanza di un progetto di vita personale
✓ Una vulnerabilità ai disturbi d'ansia e uno stile comportamentale passivo

Tutti questi elementi possono contribuire al mantenimento di un basso livello di autostima e ad innescare il meccanismo dell'ansia.

GLI EFFETTI DI UN ATTACCAMENTO MORBOSO SULLA COPPIA

Oggi si parla sempre più frequentemente del termine *dipendenza affettiva*, soprattutto riguardo le relazioni, ed in particolare quelle amorose. La dipendenza affettiva è uno stato patologico in cui la coppia diventa il fulcro di ogni esperienza di vita, a prescindere da quello che accade intorno ai protagonisti della relazione. Nella dipendenza affettiva la coppia diventa una nuova entità che viene prima degli individui e dei loro bisogni, che si annullano di fronte alle esigenze della nuova essenza.

La sintomatologia legata agli atteggiamenti messi in atto da entrambi i fidanzati/sposi/compagni, ecc. è alimentata dalla paura costante che il legame si possa interrompere, il che porta ad una chiusura nei confronti del mondo e delle altre relazioni.

Si finisce per trascurare progressivamente le amicizie o i legami con gli elementi dei nuclei famigliari originari, fino a raggiungere l'allontanamento o l'inevitabile perdita degli stessi. Questo tipo di dipendenza nasce dall'instaurarsi di un circolo vizioso che si alimenta ogni giorno di più, alla cui base troviamo una fiducia inesistente, sia verso sé stessi che verso il partner. Si riscontra un'ossessione per il controllo, che spesso va ricercata solo in uno dei due amanti, poiché l'altro diventa succube del gioco patologico cadendo nella trappola di questa inconscia manipolazione.

Come già anticipato, esistono delle *relazioni morbose* in cui uno dei due partner, attraverso una modalità negativa e manipolatoria, costringe l'altro ad un rapporto chiuso e univoco. Ne deriva che chi non conduce il gioco ne è oggetto, restando vincolato alla persona per il terrore di perderla o di restare solo.

L'ansia alla base di queste emozioni negative funge dunque da collante e porta all'incapacità di rendersi autonomi e non ci fa rendere conto della situazione emotivamente patologica. In questi casi si perde la lucidità e non si è capaci di comprendere la gravità della situazione, o nei casi in cui la si capisca, si rischia di fare finta che vada tutto bene.

L'amore assume le caratteristiche di *dipendenza*, quasi di *ossessione*, e porta a lasciare sempre meno spazio all'altro, così come a sé stessi, in quanto si vive quasi in simbiosi.

Tendenzialmente una delle due parti, quella più forte e predominante, assume un ruolo *controllante*, con sempre maggiori richieste e sacrifici a proprio favore, chiudendo la coppia alle esperienze esterne in una spirale di autoassorbimento. Le statistiche riferiscono di un'alta percentuale femminile per quanto riguarda la parte della "vittima", dunque quella che subisce la chiusura. Tendenzialmente alla base di questo comportamento ci possono essere bassi livelli di autostima e/o eventi traumatici precedenti che hanno influenzato la sfera psico-emotiva.

Nelle coppie che presentano una dipendenza affettiva, si aggiunge abbastanza frequentemente anche la *componente familiare*, in quanto il modello con cui si cresce e a cui si fa riferimento ha un'influenza enorme sui comportamenti e sugli atteggiamenti.

I segnali d'allarme di *dipendenza affettiva* sono dunque evidenti dall'esterno, ma spesso chi si trova nella coppia, immerso com'è nella situazione, non vede o non vuole riconoscerne la gravità. Si tende a sottovalutare i comportamenti che inizialmente possono essere riscontrati normalmente con l'avvento dell'infatuazione. Con lo scorrere del tempo questi comportamenti dovrebbero perdere la carica emotivo-sessuale portando ad una normalizzazione che nelle coppie disfunzionali viene a mancare.

Abbiamo già parlato del terrore dell'abbandono e della separazione, dunque la paura di perdere la persona amata e di restare da soli in quanto ci si convince che nessun altro potrebbe mai prendere il suo posto.

L'estremizzazione di questo quadro vede la perdita parziale o totale della propria indipendenza e l'incapacità di prendere decisioni importanti riguardo la propria vita, che viene messa sempre in secondo piano rispetto all'altro. Alla base vi è la convinzione che se ci occupiamo sempre del nostro partner, la coppia non potrà che prosperare di conseguenza.

Può sembrare che situazioni come quelle descritte non abbiano una via d'uscita; invece esistono e vanno ricercate dentro noi stessi. Le risorse esistono in ognuno di noi e devono essere utilizzate nel momento in cui si verifica un bisogno. Naturalmente da soli è difficile affrontare questo tipo di prove, e dunque bisogna avvalersi anche di un aiuto esterno, ovvero di un supporto psicologico individuale e in alcuni casi di una psicoterapia.

Nel proprio piccolo inoltre bisogna riscoprire l'amore per sé stessi. Trovare uno spazio personale dove coltivare ciò che ci piace e che ci fa stare bene, che sia il lavoro, gli amici, la famiglia o un nuovo hobby.

Infine, proprio per il benessere della relazione, è opportuno lavorare per trovare la "giusta" distanza nella coppia, dove spesso si risulta eccessivamente coinvolti.

QUANDO L'ANSIA RAGGIUNGE LIVELLI DI GUARDIA

I disturbi d'ansia sono tra i più diffusi del nostro tempo.

Si parla di disturbo d'ansia quando la normale attivazione /eccitazione del nostro stato psico-fisico, supera un livello di guardia e si trasforma in un limite, un indebolimento, un blocco, un sintomo insomma. L'attivazione è utile per favorire al massimo le prestazioni fisiche, attentive e di memoria, (ad esempio, la sana apprensione prima di un esame che ci dà la forza, la motivazione e le capacità di attenzione necessarie per studiare ore e ore senza quasi fatica).

Una stanchezza che non va mai via. Un aumento dell'ansia oltre la soglia di guardia. L'assenza di motivazioni e anche di tempo da dedicare a sé stessi. E il pensiero ricorrente, che non sfuma nemmeno quando si è in vacanza: quello del ritorno all'ufficio, alla quotidianità, alle responsabilità a cui si è costretti. Quando lo stress supera i livelli di guardia, il nostro corpo reagisce e scatena tutta una serie di reazioni fisiche ben precise che ci possono far stare male davvero.

Ecco alcuni segnali che il nostro corpo ci invia nei momenti in cui l'ansia raggiunge il livello di guardia:

✓ **Emicrania**

Se la guardiamo da un punto di vista evolutivo, l'ansia è la risposta dell'organismo a una situazione di «lotta o fuggi». Quando però lo stress supera i livelli di guardia, possono scatenarsi delle reazioni fisiche ben precise, una delle quali è l'emicrania che è così strettamente associata all'ansia «*da non essere chiaro se sia quest'ultima a causarla oppure il contrario, ma di certo le persone che soffrono di emicrania hanno maggiori probabilità di avere disturbi di ansia*», rileva la dottoressa Danica Barron su Insider.

✓ **Ansia e disturbi gastrointestinali**

I sintomi dell'ansia possono scatenare una sorta di effetto domino, dove l'apparato gastrointestinale risulta essere quello che paga il conto più salato. Ecco perché non è raro che chi soffre di ansia abbia anche nausea, vomito e bruciori di stomaco. Come viene però sottolineato sull'Harvard Health, i pazienti che lavorano sulla loro salute mentale hanno un tasso di successo più alto nel trattare i problemi gastrointestinali rispetto a quelli ricevono delle semplici cure mediche per lo specifico disturbo.

✓ **Tremito o tic**

Come viene spiegato su Healthline, un tic «*è un movimento incontrollabile e improvviso che si discosta dai normali gesti di una persona*». Il che può tradursi in comportamenti come il ripetere gli stessi suoni verbali, sbattere velocemente le ciglia, tossire o fare delle smorfie, tutti fenomeni che possono essere provocati dall'ansia. A sentire però gli esperti, i tic non sono sintomi comuni dell'ansia, ma possono invece manifestarsi in persone con una personalità di tipo A, che mostrano comportamenti ossessivo-compulsivi e/o che hanno genitori/parenti che hanno a loro volta dei tic nervosi.

✓ **Influenze o raffreddori frequenti**

Quando l'organismo rilascia troppo cortisolo (noto anche come l'ormone dello stress), questo va a indebolire il sistema immunitario. Il che si traduce in influenze o raffreddori più frequenti che, come sottolinea ancora la dottoressa Barron, «*non vengono a causa dell'ansia in sé, ma perché l'organismo non riesce a combattere le infezioni in modo efficace*».

✓ **Peggioramento dei problemi cutanei preesistenti**

L'ansia di per sé non scatena il prurito da sola, «*ma chi soffre già di un problema cutaneo, come psoriasi, eczema o rosacea, l'infiammazione provocata da stress e ansia può finire con l'aggravarlo*», avverte sempre la dottoressa Barron.

✓ **Aumento della frequenza cardiaca**

Quando l'organismo entra in modalità «lotta o fuggi», qualsiasi reazione di difesa spinge sull'acceleratore, compresa la frequenza cardiaca, spingendo molte persone a convincersi che stanno per avere un attacco di cuore, «*quando in realtà sono semplicemente preda dell'ansia*», fa notare la neuropsicologa Sanam Hafeez.

✓ **Vampate di calore, sudorazione e brividi**

Un'altra reazione fisica scatenata dalla modalità «lotta o fuggi» è un drastico cambiamento nella temperatura corporea, con l'aumento di qualche grado del termometro interno. «*Una condizione che si traduce in vampate di calore, sudorazione e brividi, perché il corpo cerca di trovare una sua regolazione*», spiega la psicologa Lindsay Henderson.

✓ **Vertigini e stanchezza**

Mentre si prepara al «lotta o fuggi», il corpo accelera il consumo di ossigeno, «*e questo lo costringe a rispondere alla circolazione più veloce dell'aria attraverso il flusso sanguigno con respiri corti e deboli, che provocano capogiri e debolezza e lasciano una sensazione di formicolio sulla pelle*», conclude la dottoressa Henderson.

ESTERNAZIONI DI RABBIA

La rabbia è una delle emozioni di base e insieme a gioia e dolore è tra le più ataviche. Localizzata infatti nel cervello rettiliano, la parte più antica del cervello, è insita nella reazione primordiale di attacco-fuga e quindi strettamente legata ai meccanismi psico-biologici della sopravvivenza.

Così come per il dolore, anche la rabbia è un segnale, un'avvisaglia di qualche minaccia o pericolo ed ha perciò una funzione conservativa. Ci sentiamo infatti arrabbiati quando ci troviamo per esempio in situazioni di sopruso perché sono venuti meno i nostri diritti (rabbia primaria), oppure quando c'è una profonda delusione o un grande dolore (rabbia secondaria), oppure ancora se ci sentiamo ignorati (collera) o se vediamo violati i nostri confini (ira).

Non è corretto quindi parlare di rabbia, bensì di **rabbie** che hanno comunque una radice comune: il bisogno di riaffermare se stessi, i propri valori ed il proprio equilibrio. C'è quindi un danno ed un dolore conseguente e, se osserviamo bene il comportamento umano, quello che ci fa arrabbiare ancora di più è l'intenzionalità, la volontà dell'altro di farci del male o, comunque, di non evitarci quel dolore in quel determinato momento. In quel caso il vulcano erutta, e la rabbia esplode in tutte le sue molteplici sfaccettature.

Essa può diventare disfunzionale o problematica quando gli attacchi di rabbia (detti anche scatti d'ira) compromettono le relazioni o la qualità della vita, oppure creano sofferenza spingendo ad intraprendere azioni dannose o lesive verso sé stessi o verso gli altri.

Sebbene gli attacchi d'ira rappresentino un problema frequentemente verificato nella quotidianità, gli stessi sembrano essere decisamente meno esplorati rispetto ad ansia e depressione. Tali attacchi si possono estendere dalla famiglia al luogo di lavoro, ed alle relazioni più in generale.

La rabbia è stata definita in molti modi in base ai differenti aspetti enfatizzati. Vi è un ampio consenso nel considerare comunemente i sentimenti di collera come "sbagliati" e accompagnati da azioni tese a controbattere o rimediare a tali attacchi di rabbia.

Sebbene si possa ritenere che essa abbia qualche effetto benefico, come il ruolo di mobilitare le risorse psicologiche, stimolare il comportamento e proteggere l'autostima, essa è tipicamente considerata per la sua valenza emotiva come negativa con conseguenze potenzialmente dannose.

In un recente articolo pubblicato sul Journal of Anxiety Disorders, Verdella e colleghi hanno puntato l'attenzione sul rapporto esistente tra il disturbo d'ansia sociale e la rabbia.

I pazienti con disturbo dell'ansia sociale sembrano mostrare difficoltà nel regolare le loro emozioni, in particolare quelle legate alla rabbia. Infatti, i pazienti con fobia sociale prediligono strategie volte a sopprimere l'espressione della rabbia.

Gli studi sull'interazione tra ansia sociale e rabbia hanno comunque dato interessanti spunti, come ad esempio la presenza di un sottogruppo di pazienti che manifestano, in contrasto con quanto atteso, rabbia in modo aperto e diretto.

Lo studio presentato in questo articolo cerca di analizzare e di chiarire meglio il rapporto che esiste tra ansia sociale e rabbia; gli autori si aspettavano di trovare diversi profili di gestione della rabbia tra pazienti con ansia sociale, in particolare con riferimento al grado di percezione, di manifestazione e di soppressione e che questi diversi profili variassero nei gradi di disagio e di *impairment* sociale. Allo studio hanno partecipato 136 pazienti afferenti alla Adult Anxiety Clinic of Temple University.

Ma cosa succede nella coppia se ci si arrabbia con il partner? Significa che si è in crisi?

Andiamo ora ad esplorare la rabbia nella relazione di coppia e di come capita di infuriarsi con il partner: attenzione però, dobbiamo parlare sempre di episodi transitori, altrimenti si tratta di risentimento.

È sicuramente capitato a molti di noi di conoscere quella sensazione di dare la colpa (o credito) al partner per come ci si sente. Se camminate a tre metri da terra è merito del partner, ma anche se siete infuriati per un qualsivoglia motivo è colpa sua. Se solo si fosse comportato/a diversamente, non vi sentireste così, vero? Così montano – e sedimentano – emozioni negative, come rabbia e risentimento, che se accumulate portano a una sensazione di malessere continua nei confronti dell'altro.

Il problema è che se lo lasciamo galoppare senza meta, il risentimento oscurerà lentamente tutti gli aspetti positivi della relazione, quindi vale davvero la pena capire cos'è, perché nasce e cosa fare al riguardo.

Diciamo subito che la rabbia e l'atteggiamento aggressivo sembrano non aver nulla a che fare con l'amore e lo star bene in coppia. Anzi, secondo i condizionamenti sociali e culturali, l'aggressività è un "male" e le liti sono il sintomo evidente che la coppia sta per scoppiare. In realtà sappiamo benissimo che non è così. L'amore ha bisogno di una buona dose di aggressività per non sfaldarsi. Dal latino *"aggredi"* ovvero "avvicinarsi a qualcuno", essere "adeguatamente aggressivi", serve al mantenimento dell'equilibrio all'interno della relazione. Insomma manifestare quello che si prova e di cui si ha bisogno senza inveire né verbalmente né fisicamente.

«Il modo tradizionale di affrontare le emozioni negative che ci viene propinato da sempre è obsoleto – commenta Christy Whitman, celebrity life coach e autore del best-seller *"The art of having it all"* – "Quando voi e il partner siete in disaccordo, la cosa migliore da fare è "parlarne", giusto? Sbagliato! Sfogare le preoccupazioni, spiegare la vostra posizione e fare richieste di cambiamento al partner non fa altro che acutizzare i problemi di relazione. Può sembrare logico, ma se questo approccio funzionasse, la terapia di coppia salverebbe i matrimoni molto più spesso di quanto non faccia».

Ci si trincera dietro i propri silenzi e si tira avanti facendo finta di nulla? No, anzi. «È tutta una questione di **vibrazione**. Ovvero, la vibrazione che provate per il partner cambia di giorno in giorno, anche di momento in momento, ed è influenzata da molti aspetti. Include i desideri riguardo alla relazione, così come i pensieri e le aspettative che ne derivano. Finché non effettuate un cambiamento a livello di vibrazione, tutti i tentativi di trovare l'armonia saranno solo superficiali e vani.

Quando due persone iniziano a frequentarsi c'è il desiderio irrefrenabile di conoscere tutto dell'altro, di condividere tutto ciò che fa parte del proprio passato e del proprio presente, abbattendo spesso ogni confine della propria persona. La stessa cosa tuttavia accade anche a chi è in coppia già da diverso tempo: si perdono le distanze e quasi per osmosi parte di uno diviene parte dell'altro e viceversa. L'aggressività diventa così un modo di espressione per ritrovare la propria individualità in termini di esigenze, interessi ed emozioni.

Tutte le relazioni hanno una quota di aggressività che sale e scende nel tempo, che si accumula e poi si scarica: è fisiologico ed anche sano che sia così. E' inoltre naturale che ci arrabbiamo più spesso con chi ci sta accanto e ci vuole bene per il semplice fatto che trascorriamo molto tempo con questa persona (e quindi le occasioni per litigare sono numericamente maggiori) e che, proprio come tendiamo a considerarla causa del nostro benessere, altrettanto facciamo "accusandola" di farci più o meno intenzionalmente del male. Tuttavia, a monte, vi sono degli aspetti fondamentali che vanno considerati proprio perché molto spesso pensiamo di arrabbiarci per un motivo ben preciso quando in realtà stiamo "esplodendo" per altro, per un "accumulo" di problematiche.

Diventa quindi necessario porci delle domande:

- ✓ **Abbiamo fiducia reciproca?** Se manca fiducia, diventiamo costantemente preda dei dubbi che portano poi a perdita di controllo con conseguenti discussioni e/o scenate
- ✓ **Abbiamo degli spazi di autonomia?** La libertà viene spesso confusa con la mancanza di rispetto, senza tener presente che un rapporto fondato sulla libertà è più ricco, stimolante e destinato a durare nel tempo
- ✓ **Comunichiamo in modo chiaro ed onesto?** La comunicazione, l'ascolto e la comprensione sono molto importanti nei rapporti e in particolar modo nei rapporti di coppia. È necessario comprendere che l'altro può pensarla diversamente da noi (quando in realtà è un'idea diffusa che per stare insieme la si deve pensare allo stesso modo)
- ✓ **Ci accettiamo per quello che siamo?** Spesso decidiamo di stare con una persona sperando che cambi, o, addirittura che saremo noi a cambiarla, anche se in fondo, nel nostro intimo, sappiamo benissimo che questo non accadrà. L'amore consiste nell'accettare l'altro per quello che è, cercando di trovare soluzioni per mediare in caso di conflitto.

Chiariti questi punti e stabilito quindi se la rabbia è "nostra" o scaturita da condizioni pregresse, possiamo passare ad un'analisi successiva: Se incanalati in modo costruttivo, il conflitto e l'aggressività sono un'opportunità di crescita per la coppia. Il ciclo vitale della coppia è fatto di fasi altalenanti in cui l'equilibrio viene spesso ristabilito tramite confronti e conflitti. Poter "discutere" di quello che non ci va significa che stimiamo l'altro come un valido punto di "scontro e confronto", che possiamo anche arrabbiarci, ma che ci teniamo a trovare un nuovo equilibrio insieme.

Una coppia che discute spesso ha un profondo rispetto sia delle individualità dei partner che di sé stessa in quanto coppia. Ci si reinventa e ci si rinnova fronteggiando ogni giorno varie situazioni che possono alterarne l'omeostasi.

Il fatto di potersi permettere di arrabbiarci con l'altro ci consente di conoscere meglio noi stessi nella coppia e la persona che abbiamo di fronte nella diversità che ci accomuna. Tutto questo ci fa crescere nella tolleranza e nel rispetto dell'autenticità dell'altro.

LA "TOCOFOBIA" NELLA RELAZIONE DI COPPIA

La gravidanza è generalmente un evento molto atteso dalla donna. Non appena la prima cellula incomincia a farsi strada nel suo corpo, l'intero universo emotivo incomincia a mobilitarsi facendo emergere emozioni e pensieri mai sperimentati prima. Non per tutte le donne però, quest'esperienza ha una connotazione positiva.

Durante il periodo della gestazione ci si ritrova frequentemente ad ascoltare i racconti di altre mamme, che riferiscono di quanto sia stato bello portare in grembo un'altra vita, partorire, allattare e accudire il proprio bambino. Questa credenza popolare e quasi fiabesca della maternità, imperversa tra le mamme (e non soltanto). Quando una donna si accorge di aspettare un figlio, essa fa sì che venga colta impreparata dinanzi al turbinio di pensieri ed emozioni che le si prospettano. Così incominciano a farsi strada i primi dubbi: *"Perché non sono felice come tutte le altre donne?" "C'è qualcosa di sbagliato in me?" "Sarò in grado di diventare una mamma?" "Sarò all'altezza del compito che mi aspetta?" "Perché ho paura?" "E il parto come sarà? Sarò in grado di affrontarlo?"*. Al di là di quello che le donne dicono e raccontano, c'è tutto un mondo sommerso di cui è visibile solo la punta dell'iceberg. Come confermano le ricerche, la gravidanza e la nascita di un bambino suscitano sentimenti di gioia ma portano con sé anche preoccupazioni, ansie e paure.

Ma esiste una paura che accomuna molte donne e di cui non si parla ancora a sufficienza: la **Tocofobia**. Ma cos'è di preciso? Si tratta di uno stato emotivo negativo strettamente connesso all'atto di partorire (o anche al dolore del travaglio) che creerebbe un profondo malessere nella donna (prima, durante e dopo la gravidanza.

La Tocofobia è stata individuata per la prima volta nel 2000 da Kristina Hofberg e Ian Brockington, le quali evidenziarono come la donna sia talmente terrorizzata dal dover affrontare il parto, da arrivare ad attuare strategie di evitamento come la procrastinazione o addirittura la **rinuncia a una gravidanza**.

In merito a questo tipo di ansia mi piace riportare la testimonianza di una donna che molto generosamente ha voluto condividere la sua personale esperienza in merito.

"Credevo che non ce l'avrei mai fatta. Ogni volta che qualche amica o conoscente mi raccontava della sua esperienza con il parto, letteralmente inorridivo. Mi chiudevo anche fisicamente, mi ritrovavo con le gambe serrate e le braccia conserte e ogni volta il mio ultimo commento (che ovviamente mi guardavo bene dall'esprimere) era: "per carità, non è una cosa che fa per me, io non sono fatta per avere figli". Mi rassicuravo e andavo avanti. Di sicuro anche la vita che facevo non mi dava nemmeno la possibilità di immaginare un figlio: le mie giornate iniziavano molto presto, correvo di qua e di là tutto il giorno, divisa tra impegni di lavoro e intensa vita sociale. Ogni tanto di domenica, giorno in cui tutto sembrava fermarsi, in cui ognuno sembrava ritrovare il piacere di stare con la famiglia, mi ritrovavo a sentire un certo disagio, saliva dal profondo proprio quando mi fermavo e mi ritrovavo da sola, nella mia bellissima casa vuota, senza rumori, senza voci, da sola. Forse mi mancava una vita sentimentale. Mi mancava avere

qualcuno con cui condividere la mia vita e mi mancava l'affetto di un uomo, una vita a due...

*Poi è arrivato **lui**. Inaspettato e travolgente. Ha stravolto la mia vita e l'ha arricchita di tutto quello che mi mancava ma a cui non volevo prestare attenzione perché non mi volevo sentire priva di qualcosa. Mi convincevo che stavo bene così e che non mi mancava niente. In poco tempo la mia vita è cambiata. Non che fosse tutto perfetto: alti e bassi, equilibri tutti da costruire, interessi e abitudini da incastrare, bei momenti ma anche litigi furibondi. Sono passati 5 anni e sono volati. Ad un certo punto lui ha iniziato a dirmi che avrebbe voluto un figlio. Il mio panico è iniziato a salire perché non gli avevo mai parlato della mia fortissima paura del parto ma anche della gravidanza e di tutti gli sconvolgimenti fisici. Non volevo subire un cambiamento così impressionante del mio corpo. Mi faceva senso pensare a tutto quello che sarebbe cambiato all'interno del mio corpo e non mi vergogno di dire che non mi andava nemmeno di gonfiarmi come un pallone, non volevo smagliature sul seno o sulla pancia, non volevo la cellulite. Non volevo stravolgere le mie abitudini di vita, volevo continuare a fare un lavoro intenso e full time. Volevo continuare a viaggiare come avevamo fatto in questi cinque anni. Ma non gli ho mai parlato di tutto questo. L'ho tenuto per me. Ho invece iniziato a fare spazio, un piccolissimo spazio, nella mia fantasia a come sarebbe stata la mia vita con un figlio. Come sarebbe stato il dopo gravidanza e il dopo parto. Tenere in braccio mio figlio, sentire il suo peso, il suo* *odore, consolarlo, cullarlo, dargli da mangiare, stringerlo a me, scaldarlo con il mio corpo...*

Non so quando effettivamente ci sia stato il momento in cui dentro di me è scattata la decisione di avere un figlio o forse non si è trattato di una decisione che ho preso con la sola razionalità. Credo che ad un certo punto mi sono semplicemente lasciata andare e ho mollato il controllo sulla mia vita, lasciando che le cose accadessero e basta. E così è stato. Senza troppe difficoltà sono rimasta incinta. La cosa veramente strana è che non è successo niente di quello che temevo. Mi aspettavo chissà quale marasma nel mio corpo e invece, ogni cambiamento è stato molto graduale, naturale. Nessuno stravolgimento che non fossi capace di affrontare. Anzi, ho scoperto che il mio corpo era molto più pronto di me ad affrontare ogni cosa, non ho dovuto fare nessuno sforzo di adattamento perché il mio corpo sapeva già tutto. Perciò mi sono soltanto fidata e affidata a lui e l'ho lasciato fare. Per tutto il tempo della gravidanza ho cercato di vivere serenamente: avere più tempo per me, fantasticare sulla mia nuova vita, condividere speranze e dubbi con il mio compagno, leggere, camminare tanto nel verde, trovare più tempo per stare con i miei...

Finché ad un certo punto ho dovuto affrontare la paura più grande, quella che credevo mi avrebbe devastato, quella che al solo pensiero mi faceva chiudere come un riccio, quella che mi faceva così impressione da viverla come una scena da film horror! È arrivato il momento di far nascere mio figlio. La paura è salita progressivamente con il passare delle *settimane. La paura di tutto quello che mi sarebbe successo: le doglie, il travaglio, il dolore lancinante, la lacerazione dei tessuti. La mia immaginazione aveva ricominciato a galoppare e a sfornare immagini piene di brutte sensazioni, di presagi negativi: problemi a me, a mio figlio, incuria delle ostetriche e dei dottori**… La paura aveva di nuovo invaso la mia mente e l'ansia accompagnava le mie giornate** e con lei il cattivo umore, la vulnerabilità, le lacrime a fior di pelle per qualsiasi sciocchezza…*

Ma ad un certo punto ho dovuto di nuovo "arrendermi" all'ancestrale saggezza del mio corpo. La mia mente stava diventando soltanto un ostacolo al normale fluire degli eventi. Ho di nuovo lasciato andare il controllo serrato su me stessa e mi sono fatta aiutare da persone competenti ed esperte che mi hanno accolto e rassicurato. È stato tutto rose e fiori? È stato un "paradiso"? è stata soltanto un'esperienza "estatica"? No! C'è stato tanto dolore, tanta paura di tutto quello che mi stava accadendo, tanto disagio e fastidio, tanta impressione per quello che stava succedendo al mio corpo e anche ansia che mio figlio stesse bene, che respirasse e piangesse…

Sarà scontato ma oggi posso dire che vedere mio figlio e tenerlo in braccio, sapere di avere il mio compagno a fianco, che mi sosteneva in ogni momento, mi hanno ripagato di tutto e posso affermare per esperienza personale che molta della mia angoscia è stata creata per mesi e anni dalle fantasie catastrofiche, perché la realtà è stata molto diversa da come la immaginavo. Non sono mancati ansie, dolori e tanta fatica ma niente che non fossi capace di affrontare con risorse che nemmeno pensavo di avere."

Senza dubbio trovo che questa sia una bellissima condivisione che ci apre però al pensiero di come sempre più spesso le future mamme vengano lasciate "emotivamente" sole: le loro emozioni vengono sminuite, e i loro pensieri diventano qualcosa di cui vergognarsi. Ecco perché diventa indispensabile potenziare l'ascolto e il sostegno da parte di tutte le figure specialistiche (ginecologi, ostetriche, psicologi) che accompagnano la donna sia prima, sia durante che dopo il parto, affinché siano nelle condizioni di riconoscere e segnalare situazioni a rischio.

CAPITOLO 4: IL RUOLO DELLA GELOSIA

QUANDO NON SI PARLA PIÙ DI "SANA GELOSIA"

"Nella gelosia c'è più amor proprio che amore"

François de La Rochefocauld

È evidente la relazione che esiste tra l'amore e la gelosia, anche se difficilmente questa connessione risulti del tutto chiara. Da una parte c'è chi crede che l'amante geloso tenga viva l'intimità della coppia e la protegga, ma è risaputo che essere gelosi è spesso il primo passo che conduce verso la rottura con conseguente separazione di moltissime coppie.

Molto banalmente la gelosia può essere definita come uno stato emotivo di dubbio e di tormentosa ansia, provata da chi, con o senza giustificato motivo, teme (o constata) che la persona amata sia insidiata da un rivale.

La gelosia è un meccanismo antichissimo e ancestrale su cui si basa la convenzione sociale più famosa al mondo: la *monogamia*. Di fatto scegliamo di rimanere con le persone che amiamo, ma il fatto di stare solo ed esclusivamente con loro è determinato da diverse motivazioni, che però hanno tutte origine nello sviluppo psico-sociale dell'essere umano.

Fin dalla preistoria l'uomo è sempre stato geloso della propria partner, questo perché doveva assicurarsi di poter identificare la prole come propria (soprattutto per non crescere figli altrui) e ugualmente faceva la donna delle caverne, cercando di crearsi la sicurezza di avere l'adeguato sostegno alla crescita dei figli da parte del suo uomo.

Mentre inizialmente questo sentimento non aveva nulla a che fare con l'amore, con il tempo e l'avvento della cultura moderna, la credenza che la gelosia e l'amore siano in qualche maniera collegati si è fatta sempre più forte, fino ad arrivare ad affermare che, senza gelosia non c'è amore.

Ma è vero che non si può amare veramente se non si è gelosi? E se sì, quanto e come è "giusto" essere gelosi?

La gelosia "sana": La gelosia sana attiva in noi un senso di protezione in caso di "pericolo". Potremmo dire che la gelosia è la paura di perdere ciò a cui teniamo e, nella fattispecie delle relazioni, questo concetto si immedesima nel terrore che la persona amata smetta di desiderarci e preferisca qualcun altro a noi.

Se vogliamo però veramente evitare che questa persona esca dalla nostra vita, allora non dovremmo essere indifferenti a segnali reali o presunti del fatto che cominci a snobbare le nostre attenzioni, che ci ignori per dedicare il proprio tempo ad altri.

Qual è quindi il limite di quanto una gelosia può essere *accettabile* per poter essere utile a preservare correttamente una relazione, e quando invece diventa dannosa e distruttiva?

Questo dipende ovviamente dal ruolo che andiamo a ricoprire nella coppia e di come il soggetto che ci minaccia, reale o immaginario che sia, cerca di insinuarsi in questo spazio relazionale.

Facciamo l'esempio di un uomo, vede un altro uomo corteggiare sua moglie. È giusto e sano per la relazione che questa situazione generi in lui un certo livello di disturbo e di gelosia, proprio perché è minacciato il suo ruolo nella relazione esclusiva con la propria compagna.

Ogni relazione duratura racchiude in sé così tanti sentimenti, esperienze ed un bagaglio di conoscenza reciproca che i due partner devono doverosamente difendere, per non perdere la propria identità di coppia.

Si può quindi affermare quindi che esiste una gelosia "**giusta**" e una "**sbagliata**". La prima è una forma di gelosia sana: è naturale che ci si senta infastiditi se, per esempio, qualcuno ci prova con il nostro partner davanti a noi, o se il partner fa un complimento ad un'altra persona che a noi sembra eccessivo.

La gelosia sana ci fa risolvere la situazione parlandone con l'altro: dicendogli cosa ci ha infastidito, sentendo il suo punto di vista ma, soprattutto, fidandoci di quel che ci dice e di quello che prova nei nostri confronti.

Al contrario, quando la gelosia diventa **patologica** è insana e distruttiva. A differenza di quella sana, non è contestualizzata: si esprime in qualunque luogo e circostanza, senza nessuna relazione al contesto o alla situazione.

Non dipende da fattori esterni che "la accendono", ma da un'ansia che ci smuove dentro, accecandoci di fronte al buon senso e a qualsiasi prova di fedeltà. La donna che è gelosa in modo patologico lo è sempre, costantemente: vuole avere il controllo su ogni aspetto della vita del partner e la paura di essere tradita arriva così ad oscurare il coraggio di amarlo. Qualunque mossa l'altro faccia, risulterà sempre inefficace: non c'è prova di fedeltà né giustificazione plausibile che regga a lungo termine alla morbosa manifestazione di questo sentimento.

La gelosia patologica esige manifestazioni d'amore **plateali**: la persona in questione cerca conferme sempre più grandi per saziare la propria fame d'affetto che, però, a causa dell'ansia che la anima, non sarà mai placata.

L'inevitabile conseguenza è la rottura della relazione, o il suo deterioramento: un uomo o una donna fedeli che si sentono ripetutamente nel tempo rinfacciare di essere dei traditori, possono stancarsi, disinnamorarsi ed essere incentivati al tradimento. Saper distinguere in quale delle due forme di gelosie ci si trova è essenziale per la qualità della relazione di coppia e dell'equilibrio psicologico.

LA GUERRA INTERIORE DI UN GELOSO

"La gelosia è un abbaiare di cani che attira i ladri "

Karl Kraus

È molto probabile che ognuno di noi, almeno una volta nella vita, abbia vissuto una *guerra interiore* nel proprio cuore o nella propria testa. Per guerra interiore intendo quella sensazione di contrasto, a volte piò essere davvero logorante, che può capitare di sentire dentro noi stessi quando la nostra anima non è in una posizione di equilibrio.

Tutte le volte che cerchiamo di reprimere le nostre emozioni o i nostri pensieri, tutte le volte che si subisce una vita che non ci appartiene, quando si cerca di mentire a sé stessi: ecco, queste sono le situazioni in cui combattiamo una guerra interiore.

Trovarsi nel mezzo di una guerra interiore è quando si vive nel proprio egoismo e, soprattutto, quando non si agisce o si pensa in modo etico. L'essere umano è continuamente scisso tra il bene ed il male, tra il materiale e lo spirituale, tra ciò che è giusto e ciò che è conveniente.

Ci arrovelliamo il cervello con mille dubbi sulla fedeltà del partner, controlliamo di nascosto il suo cellulare o ci arrabbiamo se condivide un apprezzamento su qualcuno?

La gelosia è qualcosa che riguarda tutti noi, ci chiama in causa tutti, chi più chi meno. Può far parte del nostro passato o affliggerci per la prima volta magari proprio ora che abbiamo iniziato una nuova storia. Può mettere un po' di pepe al nostro rapporto oppure, più spesso, complica le relazioni. Insomma è davvero raro non averla mai provata, e questo ci fa capire che si tratta di un vissuto umano che racchiude modi diversi in cui la sperimenta ed esprime. Importante è capire se è un'espressione di un nostro disagio interiore (insicurezza, relazioni problematiche passate, ecc.) o se riflette reali difficoltà della coppia.

Possiamo dire che la gelosia è una miscela – a volte esplosiva – di pensieri, emozioni e comportamenti. Riguarda cioè la nostra mente, il nostro corpo e il modo in cui esprimiamo il nostro essere.

Abbiamo visto come il comportamento di un soggetto ossessionato da una gelosia molto intensa subisca delle alterazioni molto importanti. In questo caso si parla di **passione** che può anche sconfinare nella **patologia**.

In tali situazioni si innesca la convinzione che vi sia una minaccia al possesso esclusivo del proprio compagno/a. Ciò può verificarsi altrettanto probabilmente per conflitti interiori del partner, per la sua incapacità d'amare o il suo desiderio sessuale diretto verso altri, per circostanze esterne che introducono un cambiamento nella vita, o anche per il comportamento del compagno o della compagna affettiva.

I conflitti scatenati da questo sentimento quando diventa patologico e morboso, sono molteplici:

✓ Tipica delle società *"dell'onore e della vergogna"*, (una variante indotta culturalmente e attualmente in declino, almeno per quanto riguarda i paesi europei del Mediterraneo) presso le quali la donna viene assimilata a un oggetto sessuale, la cui custodia gelosa è dapprima una prerogativa del padre, dei fratelli e dei cugini e in seguito del marito.

✓ La gelosia dell'adulto, detta anche **gelosia sessuale**, che in alcuni casi può assumere le forme patologiche di un vero e proprio disturbo psichiatrico, è considerata comunemente un segno di immaturità psicologica o la conseguenza di uno sviluppo psico-affettivo distorto.

✓ La gelosia patologica o "**delirio di gelosia**": si tratta di un vero e proprio disturbo psichiatrico caratterizzato dalla convinzione, di solito del tutto gratuita, dell'infedeltà del partner.

L'affannosa ricerca di indizi che comprovino la fondatezza dei sospetti si manifesta con pedinamenti, ricerche, interrogatori serrati, interpretazioni deliranti e falsi ricordi. Il delirio a sfondo paranoico può essere sistematizzato, associandosi o meno ad altri disturbi psichici.

✓ La **gelosia delirante** o "sindrome di Otello". Il geloso delirante è un paranoico convinto che l'altro lo tradisca. Cerca continuamente indizi e prove ma in effetti la sua gelosia è impermeabile ad ogni confronto con la realtà, anche se questa dovesse dimostrargli che si sta sbagliando. Il comportamento del geloso delirante tende a far ammettere all'altro la colpa. Da qui una continua e assillante richiesta di confessioni, portate avanti talvolta in modo reiteratamente subdolo, altre volte con l'arma del ricatto, talvolta infine ricorrendo alla coercizione o, peggio, alla violenza fisica.

- ✓ **La gelosia ossessiva**. È ricollegabile ad un disturbo ossessivo compulsivo. Qui è il dubbio a farla da padrone. I gelosi ossessivi **riconoscono** l'infondatezza dei loro sospetti, arrivano anche a vergognarsene, ma sono, loro malgrado, trascinati e sommersi dal dubbio. Così c'è chi sottopone tutti i giorni la moglie o il marito a martellanti interrogatori, chi controlla minuziosamente la scelta del suo abbigliamento o la corrispondenza del partner, e chi magari anche la biancheria intima alla ricerca di attività sessuali illecite.

Il possesso non c'entra mai con l'amore!

Non solo la gelosia "*cattiva*" avvelena e manda a rotoli le storie, ma miete vittime, nel senso più letterale e concreto del termine. Trascinati da questo sentimento, si arriva perfino ad uccidere, tanto che la troviamo come causa principale nelle statistiche relative agli omicidi. Gli ultimi dati relativi alle violenze domestiche subite dalle donne a opera del partner e dell'ex sono veramente agghiaccianti.

Le persone gelose credono di sentirsi meglio se esercitano un controllo totale sull'altra persona, ma **la gelosia distrugge l'amore.**

LE CAUSE DELLA GELOSIA

William Shakespeare l'ha chiamata *"il mostro dagli occhi verdi"*, un sentimento antico, da sempre presente nelle storie d'amore ma non solo. La gelosia è un sentimento che ci accompagna per tutta la vita. La descrizione di questo sentimento, rappresentandola come un mostro, ne indica una visione negativa, distruttiva, fuori dal controllo.

In realtà la gelosia, come tutte le emozioni, è un segnale che, se ben calibrata, può essere utilizzato per conoscere meglio noi stessi e i nostri rapporti e, se accettata e trasformata, può servire da risorsa positiva per la coppia.

Esistono due diverse ipotesi riguardanti le basi biologiche della gelosia. La prima individua la causa nei livelli di **serotonina**: bassi livelli di serotonina risultano, infatti, correlati a una gelosia marcata. L'altra sostiene, invece, una correlazione con l'alto livello di **estrogeni**.

Certamente esistono delle spiegazioni biologiche relativamente ai processi legati alla gelosia, ma queste non sono sufficienti a spiegare la complessità del fenomeno. Secondo le teorie evoluzioniste, la gelosia nacque dall'uomo che doveva assicurarsi di non avere figli illegittimi e quindi, bocche in più da sfamare, e dalla donna che doveva assicurarsi che l'uomo non si innamorasse di altre donne e la lasciasse sola, senza cibo e protezione. La gelosia, dunque, viene vista come mezzo di sopravvivenza e di difesa.

Al di là delle spiegazioni bio-sociali, cosa determina che un individuo sia più geloso di un altro? Come mai alcune persone vivono le loro relazioni nella diffidenza e nel sospetto e altre riescono più facilmente a fidarsi? La spiegazione è legata ad alcune fasi dello sviluppo infantile.

La cosa che un bambino teme più di ogni altra cosa è la solitudine: ha paura di non essere abbastanza amato e di conseguenza di venire abbandonato. Quando questo meccanismo permane nell'età adulta, il bambino diventato un adulto, vivrà ogni sua relazione con il timore di venire abbandonato, cercando continuamente prove dell'amore altrui e una accettazione incondizionata.

Qualunque sia la spiegazione di questo sentimento, esso sembra proprio trarre le sue radici dall'insicurezza e dalla paura. Le persone gelose hanno una bassa autostima, non si riconoscono degne di valore e temono, nel confronto, di uscirne perdenti.

Rimane il fatto che una certa quota di gelosia è presente in tutti, proprio perché è un'emozione universale e umana: davanti ad un tradimento emergono inevitabili i sentimenti di esclusione e il desiderio di sentirsi sempre i preferiti.

ESTERNAZIONI DI GELOSIA

Da sempre la gelosia è una parte integrante della vita dell'uomo, lo accompagna sin dalla prima infanzia e viene provocata da situazioni via via diverse durante la sua crescita. Si passa dalla gelosia verso le proprie figure genitoriali, passando poi attraverso la gelosia verso alcuni oggetti particolarmente significativi. La gelosia può nascere anche in determinati contesti sociali quali l'ambiente scolastico o di lavoro (caratterizzata per lo più da competizione), fino ad arrivare alla gelosia provocata da eventi che minacciano la propria vita di coppia.

Ecco diverse sfaccettature di come si può esprimere la gelosia:

- ✓ Spesso la gelosia è associata *all'invidia*: in questi casi infatti l'oggetto del contendere provoca reazioni "scomode" in chi vuole raggiungerlo. Tuttavia spesso i due termini sono differenziati da una sottile particolarità: nel caso della gelosia l'oggetto del contendere è qualcosa che già si possiede (e quindi è facile notare come a volte la gelosia sia associata al senso del possesso), nel caso dell'invidia invece l'oggetto del contendere è qualcosa che qualcun'altro possiede ma al quale si aspira fortemente (es. una caratteristica fisica, una posizione sociale o un certo tipo di relazione con una determinata persona).

- ✓ **Bambini e gelosia**: E' ormai noto come anche i bambini possano provare una gelosia molto intensa, soprattutto quando l'attenzione dei genitori (molto spesso la figura materna) è rivolta verso altre persone, specialmente verso altri bambini. La gelosia per eccellenza, in questo caso, è quella che il primogenito prova nei confronti dei fratelli più piccoli. Dunn e Kendrick (1980) hanno osservato come, all'arrivo del fratello/ sorella, il primogenito diventi più esigente e capriccioso fino a mostrare, in alcuni casi, reazioni psicosomatiche e perfino depressione.

La gelosia nei bambini sembra confermare l'ipotesi che vuole la gelosia come sentimento naturale e istintivo, in realtà, sebbene questo sia del tutto comprensibile, non bisogna tralasciare tutte le variabili sociali e culturali che intervengono nel determinarla.

✓ **Gelosia nei confronti del partner o romantica**

La gelosia per una persona che si ama e che si teme di perdere è chiamata in letteratura gelosia romantica. La dinamica è attivata da tre ruoli fondamentali: il sé (la persona gelosa), la persona amata e il rivale. Questo tipo di gelosia è caratterizzata da un forte sentimento di possesso nei confronti della persona amata e quindi la convinzione di avere il diritto di vietare o imporre determinati comportamenti al proprio partner.

Marazziti e collaboratori (2010) hanno recentemente sviluppato un questionario inerente al tema della gelosia, con lo scopo di classificare le manifestazioni di gelosia nella popolazione non patologica, sulla base di quattro ipotetici profili: **gelosia ossessiva, depressiva, associata ad ansia da separazione e paranoide.**

Le tipologie di gelosia si caratterizzano per i seguenti aspetti: nella forma ossessiva, sono presenti sentimenti ego distonici ed intrusivi di gelosia che la persona non riesce a bloccare. Nella forma depressiva, la persona prova un senso di inadeguatezza rispetto al partner, aumentando il rischio che percepisce di tradimento. Nella forma a cui si associa l'ansia da separazione, la prospettiva di una eventuale perdita del partner risulta intollerabile, e vi è un rapporto di dipendenza e di continua ricerca di vicinanza; in una forma quasi paranoica: è presente un'estrema diffidenza e sospettosità, con comportamenti controllanti ed interpretativi. Tale strumento rappresenta un utile collegamento tra normalità e patologia, ed ha lo scopo di fare luce su un fenomeno molto diffuso, sebbene poco studiato, che è fonte di disagio psicologico in un'ampia parte della popolazione.

Nell'ambito della psicologia che si occupa delle differenze individuali, la persona gelosa viene vista quasi sempre come un elemento introverso, poco sicura di sé, con un alto grado di nevroticismo. Un risultato comune in molte ricerche è la coesistenza di gelosia e bassa autostima ovvero insicurezza da cui ne deriva la tendenza a vedersi i soli colpevoli dei propri fallimenti relazionali.

Si rileva inoltre che uomini e donne hanno un modo differente di esternare la loro gelosia: le donne sembrerebbero temere di più un tradimento sentimentale, mentre gli uomini sarebbero più spaventati all'idea di essere vittime di un tradimento sessuale.

Esiste un confine tra gelosia e possessività? Certo! Amare qualcuno vuol dire riconoscerlo nella propria individualità, ma soprattutto significa essere e sentirsi liberi. Contrariamente a quello che si possa pensare, unione non significa fusione, niente di più sbagliato: unione significa rispetto della libertà altrui.

La libertà è la fiducia che permette di vivere una vita di coppia felice. Il controllare l'altro è il manifestarsi di una profonda insicurezza relazionale che ha origini antiche. Chi è possessivo è fragile, insicuro, e si definisce con l'altro e nell'altro.

Le relazioni di coppia fluttuano continuamente tra passione e coccole, crescita e scambio reciproco. Quando ci si focalizza sul vicendevole possesso si vira ineluttabilmente e irrimediabilmente verso la distruzione del rapporto.

ELEMENTI CHE FANNO PARTE DELLA GELOSIA E CHE DOBBIAMO ACCETTARE

L'elemento geloso è letteralmente accecato da questo sentimento complesso e contorto, in cui confluiscono insieme amore, rabbia, smarrimento, invidia e insicurezza. Si tratta di un mix potente e a volte micidiale, capace di avvelenare i pensieri e può arrivare perfino a scatenare impulsi violenti dall'esito tragico, come la cronaca di questi ultimi anni riporta con drammatica frequenza. Eppure, per non cedere a questo fluire di emozioni si può fare molto, anche se non si tratta di strategie e breve termine.

Scrive Francesco Alberoni, sociologo, giornalista e scrittore: *"la gelosia si presenta come la scoperta che la persona che amiamo è attratta, affascinata da qualcosa che io non ho ed invece qualcun altro ha"*.

Impariamo a conoscerla: la gelosia è un impulso profondo che nasce dal dolore, dalla collera e dal senso di delusione che proviamo quando scopriamo, o sospettiamo, che l'oggetto dei nostri desideri prova attrazione per un altro anziché per noi. E' un sentimento poco lusinghiero, per il quale spesso ci si sente in colpa, specie se ci spinge a compiere azioni che non tollereremmo se venissero compiute nei nostri confronti, ad esempio spiare il contenuto dei messaggi di posta elettronico o del cellulare. E' però un sentimento universale, che abbiamo provato tutti nella vita, anche da bambini, come ben dimostra la rivalità tra fratellini.

La prima e più semplice **arma per combatterla** è la fiducia. Dobbiamo imparare a fidarci dell'altro, almeno fino al momento in cui non abbiamo delle prove certe, o almeno indizi molto evidenti, della bugia. Questo significa, innanzi tutto, non andare a ficcare il naso nella sfera privata dell'altro, al di là di quanto non siamo stati invitati espressamente a fare. Come scrisse il letterato Karl Kraus *"la gelosia è un abbaiare di cani che attira i ladri"*. Insomma, potrebbe proprio essere la nostra intromissione indebita e gratuita a portare l'altro all'esasperazione e far scattare la molla del tradimento. Il secondo passo è avere fiducia in noi stessi: abbiamo tutto quello che occorre per essere amati e per rendere felice il nostro partner.

Senso di responsabilità: non è facile ammettere di essere in preda a un sentimento negativo, eppure è importante che se ne prenda coscienza. La tentazione è quella di attribuire la colpa all'altro: in fondo è il suo comportamento fedifrago a scatenare la burrasca e noi ne siamo semplici vittime. In realtà non sempre è proprio così: la nostra crisi di gelosia potrebbe essere legata a sensazioni intime e profondamente appartenenti al nostro essere, come il timore di non meritare l'amore del nostro compagno, la nostra poca autostima o il timore ed un senso di colpa per non aver prestato abbastanza attenzione a certi aspetti del rapporto. A questo punto l'unica strada da percorrere é il dialogo: confessiamo al partner le nostre preoccupazioni e ascoltiamo le sue rassicurazioni, cercando di mantenerci lucidi e imparziali.

Amore significa affermare e riconoscere il bene dell'altro prima del nostro. Quindi se ci troviamo in presenza di un vero tradimento e l'altro, dopo aver negato fino alla morte, alla fine ammette di avere un'altra storia e di preferirla alla nostra relazione, non ci resta allora che scegliere: possiamo combattere o lasciarlo andare. Il dilemma certo è lacerante, ma dopo aver lottato con tutti gli strumenti a nostra disposizione, bisogna accettare l'idea di arrendersi. In fondo, quando una storia di amore finisce, ne comincia quasi sempre un'altra.

La gelosia altrui: è un grande pericolo dei nostri tempi, come testimonia la strage di donne che ogni anno si consuma nel nostro Paese. Per questo è importante e categorico mettere subito dei limiti ai comportamenti inadeguati di un partner o di un amico e farli rispettare con la massima intransigenza. Questo può essere causa di tensioni e, al limite, potrebbe portare alla fine della relazione, ma è fondamentale. La gelosia e la possessività non sono esternazioni di amore: per questo dobbiamo rifiutarci di rinunciare ai nostri progetti e alle cose che amiamo fare, non dobbiamo allontanarci dalle persone che amiamo, e soprattutto non dobbiamo tollerare bronci eccessivi e, tantomeno, atteggiamenti aggressivi o addirittura violenti. In questo caso ci dobbiamo allontanare immediatamente e chiedere subito aiuto. Il rispetto dell'altro e il dialogo costruttivo sono le prime cose che dobbiamo insegnare ai nostri bambini, fin da piccolissimi, con le parole certo, ma soprattutto con l'esempio.

CONSIGLI PER COMBATTERE LA GELOSIA

In questo paragrafo cercherò di affrontare la questione di come poter gestire e combattere la gelosia. La questione non è semplice. Proprio perché all'origine della gelosia ci possono essere aspetti diversi, i trattamenti saranno quindi differenti in base alla struttura della persona che ci troviamo davanti o ad un eventuale disturbo psicopatologico di base. In alcune situazioni può essere d'aiuto una psicoterapia cognitivo comportamentale, in altri casi a questa sarà opportuno associare un intervento anche farmacologico. Oppure nei casi in cui c'è un abuso di sostanze bisogna pensare ad un percorso di disintossicazione prima di cominciare qualunque trattamento.

Rassicuriamoci dicendo che non tutte le gelosie sono necessariamente patologiche e non tutte le forme patologiche sono refrattarie a interventi di auto-aiuto.

Proviamo ad analizzare alcune strategie che potrebbero essere utili a combattere la gelosia, cercando di non banalizzare il dolore e le intense difficoltà che incontra la persona che prova sentimenti di gelosia.

Siamo tutti un po' gelosi!

"Caino era geloso di Abele perché il Signore gradiva i suoi doni che egli offriva con cuore sincero" (Genesi 4).

La gelosia fa la sua comparsa con l'uomo e ognuno di noi l'ha sperimentata almeno una volta: nei rapporti familiari, di amicizia, sul lavoro, nelle relazioni sentimentali. Spesso è vissuta come una minaccia di tradimento, abbandono o di un confronto con una terza persona da cui immaginiamo di uscirne perdenti.

Talvolta ci possiamo sentire gratificati da questo sentimento, sia quando lo proviamo che quando ne siamo oggetto, interpretandolo come un segnale di attaccamento e di esclusività della relazione. Ma non è sempre così.

Provare e vivere la gelosia è differente da agire la gelosia: in genere le persone che cercano un aiuto specialistico rientrano nella seconda tipologia.

La gelosia diventa un problema serio nel momento in cui crea un ostacolo alle relazioni. Rapporti che vengono conclusi all'improvviso, vissuti di risentimento che durano per tempi prolungati. Una forte incapacità ad allontanare i pensieri intrusivi sul tema con una conseguente compromissione funzionale in vari ambiti. Impossibilità di prendere decisioni in modo lucido. Insonnia, umore deflesso con visione catastrofica del presente e del futuro, alterazione dell'appetito, perdita della funzione del piacere. Messa in atto di condotte di cui poi ci si pente.

Siamo tutti un po' gelosi, è fisiologico, ma in alcune situazioni l'intensità del sentimento può costituire un vero problema con conseguenze anche gravi.

Immaginiamo di dover trascorrere intere giornate a interrogarci e interrogare, a controllare, pedinare, chiuderci in un silenzio ostile, vivere stati d'allarme permanenti, agire condotte aggressive: non è un gran vivere, siamo onesti. Se solo potessimo costruire delle modalità per combattere la gelosia, o almeno riuscire a gestirla!

Non parliamo di eliminazione totale (cosa che comunque può accadere) ma di **gestione**, consapevoli che in alcuni soggetti, la gelosia come risposta primaria forse non andrà mai via del tutto. Non per questo bisogna comunque rinunciare a mettere in atto degli stratagemmi per arginarla e farla interferire il meno possibile con la vita di tutti i giorni.

Provate ora a immaginare una vita con livelli minimi di gelosia, o ancor meglio senza: come migliorerebbero le vostre relazioni? Vi sentireste meno tesi, ansiosi, arrabbiati o tristi? Vi sentireste più desiderabili? Il vostro livello di funzionamento sarebbe migliore in diversi ambiti? Cosa penserebbe di voi la persona oggetto di gelosia vedendovi meno assillati da questo sentimento?

Se vogliamo iniziare ad attuare qualche cambiamento, dovremo partire dal comprendere il funzionamento mentale della gelosia.

La mente è sempre costituita da molte parti che interagiscono tra di loro, una sorta di rete in cui i singoli nodi dialogano incessantemente. In una mente gelosa si riscontrano delle modalità piuttosto tipiche del quadro.

Una prima caratteristica è la presenza di *convinzioni radicate*, poco elastiche, generalizzanti, che descrivono il modo di vedere le cose, con una modalità univoca che impedisce l'assunzione e l'accettazione di prospettive differenti.

Spesso riguardano la convinzione di non essere amabili, desiderabili o di non riuscire a tenerci accanto la persona amata. Non siamo consapevoli del contenuto e neanche del fatto che si tratta di solo di nostri pensieri, un nostro prodotto mentale come tanti altri, che non hanno nulla a che vedere con i fatti reali. Può essere così…ma può anche non essere.

Se siamo sicuri del fatto che non siamo desiderabili, e lo consideriamo come un dato oggettivo e non come un nostro pensiero prodotto dalla nostra mente, potrà insinuarsi l'idea che il partner possa trovare gli altri più interessanti. Perché no?!

Le persone che si piacciono e si sentono desiderabili non si meravigliano del fatto che potrebbero anche non piacere e non suscitare l'interesse dell'altro. In chi non si piace non c'è modo di sradicare l'idea che l'altro possa avere un'opinione diversa dalla sua in merito al suo essere piacevole o amabile.

Le *convinzioni radicate* difficilmente si scardinano spontaneamente. Sono continuamente alimentate da processi euristici che spingono a cercare esclusivamente conferme alle proprie convinzioni, scartando a priori tutto ciò che potrebbe convincerci del contrario.

Nella gelosia non sono i pensieri e i preconcetti che fanno soffrire ma le emozioni che si accompagnano a questi o che ne scaturiscono. L'ansia è legata all'incertezza di cosa sta succedendo o al timore della perdita. La rabbia irrompe nel sentirsi manipolati, umiliati, svalutati. La confusione sovrasta i sentimenti provati. L'ambivalenza di amare qualcuno che potrebbe ferirci.

Se solo riuscissimo a non generalizzare, non etichettare, a riconoscere i pensieri distorti, non soffriremmo per come la gelosia ci fa soffrire. Partiamo dall'allontanare da noi l'idea che la gelosia debba sparire per sempre. E' già un buon obiettivo lasciare spazio alla gelosia imparando a gestirla e a disinnescarla non appena si attiva. Lasciare spazio alla gelosia, accoglierla, significa imparare a cogliere lo stimolo, lasciarlo andare senza focalizzarci su di esso.

Accettiamo un aiuto dalle nostre emozioni: possiamo provare verso il partner amore, paura, rabbia, tenerezza: tutte emozioni che fanno parte dei rapporti reali, non idealizzati. Lasciare spazio al sentimento di gelosia ed accettarlo non vuol dire doverci necessariamente aderire.

Piuttosto è il primo passo per iniziare a prendervi le distanze e iniziare a riflettere sul meccanismo che lo alimenta e non sui contenuti della gelosia in sé.

In termini pratici, si traduce nel non lasciarsi dirottare e travolgere dai pensieri, non alimentare la gelosia, non agire i sentimenti. Impariamo a riconoscere il momento in cui si presentano i pensieri legati alla gelosia e proviamo a dirottare la nostra attenzione su altro. Ci vorranno sicuramente tempo e un buon allenamento, ma questo esercizio ci ripagherà in termini di benessere.

Esponiamoci ai pensieri che alimentano la gelosia e combattiamola. La **noia** può essere un buon deterrente. E' una tecnica semplice basata su un principio elementare della psicologia: assuefazione o saturazione. Se vedessimo il nostro film preferito 500 volte in pochi giorni continuerebbe a suscitare il nostro interesse?

Essere disposti e prepararsi ad affrontare ciò che temiamo, all'inizio può portare a un aumento della paura che nel tempo si estinguerà lasciando spazio alla noia o all'indifferenza. Prendete uno dei vostri pensieri di gelosia ad esempio *"Il mio partner potrebbe tradirmi"* e ripetete il pensiero lentamente per 500 volte per una ventina di minuti.

Durante le prime ripetizioni l'ansia potrebbe addirittura aumentare, ma non lasciatevi scoraggiare. Non distraetevi e continuate a concentrarvi invece sulla frase da ripetere, parola dopo parola. Dopo un po' si farà fatica a focalizzare l'attenzione ed il pensiero inizia a diventare noioso.

Come vedete ci sono alcune strategie – per sintesi ne abbiamo elencate solo alcune - che possono aiutare a gestire la gelosia.

Ricordate: il fatto di aver avuto un pensiero non vuol dire che necessariamente sia importante. Limitatevi a osservare i vostri pensieri e a lasciarli andare (come facciamo con la maggior parte dei pensieri che abbiamo nella giornata). Non sempre essi sono necessariamente collegati a ciò che succede nella realtà, spesso sono solo i nostri prodotti mentali. Se penso che il mio partner sia inaffidabile, il fatto che nella realtà mi tradisca o meno non è il nostro pensiero che lo stabilisce ma le condotte messe in atto.

CAPITOLO 5: LA PAURA DELL'ABBANDONO

DA DOVE DERIVA QUESTA PAURA?

La paura dell'abbandono è una paura comune ed è possibile identificarne le origini già nella nostra infanzia. È normale che un bambino piccolo sperimenti allarme e paura se l'adulto che si prende cura di lui si allontana. Ed è altresì normale che il bambino, di conseguenza, metta in atto comportamenti orientati alla soddisfazione del bisogno di vicinanza con essa.

Le molteplici esperienze di sintonizzazione all'interno della relazione tra bambino e adulto di riferimento avranno un impatto positivo sullo sviluppo di molte funzioni del bambino stesso. Tra queste, anche quelle deputate alla capacità di poter **tollerare, gradualmente, e superare le separazioni**. La storia di persone che vivono ricorrentemente il timore di essere abbandonate riporta a individui che hanno vissuto esperienze di abbandono, instabilità o una perdita importante durante la loro infanzia.

Queste solitamente riguardano un genitore o comunque una persona affettivamente molto significativa per il bambino. Possono includere, ad esempio, una grave malattia, un grave incidente, la morte o altri eventi che abbiano implicato un importante allontanamento. Tuttavia, non è detto che sia necessario sperimentare eventi di questo gravità per sviluppare un'intensa paura dell'abbandono che permane anche in età adulta, con le ripercussioni che ne derivano.

Una volta che la paura si è innescata ed attivata, inizialmente si prova un'intensa ansia, proprio come quella di un bambino che si è perso e cerca la mamma. Questa ansia può protrarsi per ore o giorni, ma poi diminuisce e lascia strada all'accettazione della realtà: la persona amata se ne è andata. Si prova un dolore immenso, lacerante. Alla fine, quando la persona torna, ci si arrabbia perché ci ha lasciato, e si prova rabbia anche verso se stessi per aver avuto così tanto bisogno di lei.

Questa patologia è causata da due elementi fondamentali: la *biologia e l'ambiente relazionale* in cui la persona cresce. Se l'infanzia è stata caratterizzata da relazioni affettive sicure, stabili, in particolare con la propria madre o con altre figure significative di riferimento, anche chi avesse una predisposizione biologica potrebbe non sviluppare la patologia del timore dell'abbandono. Se l'individuo invece ha vissuto l'infanzia in un ambiente emotivamente instabile e caratterizzato da perdite o abbandoni significativi, come per esempio un ricovero ospedaliero della madre protrattosi per lungo tempo, la separazione dei propri genitori, la morte prematura di un genitore oppure una madre affetta da depressione o altra patologia che la rendeva incostante nella cura del bambino, persino chi non avesse una predisposizione potrebbe sviluppare questa paura.

Per alcune persone il timore di essere abbandonati si manifesta come una costante in tutte le relazioni intime o nella maggior parte di esse. Tale timore è di solito associato alla sensazione che le persone importanti siano instabili o non affidabili. Per questo motivo potrebbero non continuare a offrire un sostegno stabile e duraturo nel tempo, un supporto, garantire la loro presenza e affetto, abbandonando la persona o addirittura *"sostituendola"* con qualcun altro *"migliore"* di lei.

Tale vissuto è associato all'incapacità di poter prendere in considerazione la possibilità che le relazioni possano finire, che l'altro possa allontanarsi, o addirittura lasciarci. Così, ogni comportamento della persona sarà orientato al **mantenimento della relazione** a qualsiasi costo, magari nella convinzione che questo significhi *"amare"*.

Quando questa **paura dell'abbandono** è molto intensa, diventa estremamente difficile riuscire a *"vedere"* davvero l'altro per quello che è nella realtà e poterne così apprezzare, ad esempio, le reali qualità o i difetti. Ci viene così a mancare un importante requisito necessario al fine di poterlo scegliere (o meno) come partner e di provare amore autentico per lui. Quello che prevale in questi casi è, infatti, evitare l'evento separazione *"in sé"* che, vissuto come abbandono, genererebbe emozioni estremamente dolorose ed intollerabili.

Tutte queste dinamiche ci portano a vivere le nostre relazioni intime come se fossero necessariamente ed inesorabilmente destinate a finire, e questo ci porterà ad essere terrorizzati dall'idea di legarci a qualcuno. Così, una prima conseguenza della presenza di **intensa paura di abbandono** può essere quella di non legarsi davvero agli altri, evitando ogni relazione intima.

Paradossalmente, le persone che temono di essere abbandonate finiscono spesso per **scegliere partner che hanno molte probabilità di confermare questa paura**.

COME LA PAURA DELL'ABBANDONO INFLUISCE SULLA RELAZIONE

La paura dell'abbandono in amore colpisce la maggior parte delle persone. Il problema dell'abbandono nella vita sentimentale è un insieme di caratteristiche che si sono originate e sviluppate da un'esperienza traumatica durante l'infanzia o durante la primissima età adulta. Può anche trovare il suo sviluppo durante l'età adulta, ma solo in rare occasioni. Affinché si manifesti in età adulta, l'esperienza deve essere molto traumatica e, di conseguenza, potrebbe portare allo sviluppo altri gravi problemi comportamentali.

Le persone affette dalla sindrome dell'abbandono vivono le relazioni sentimentali con la sensazione costante che, se la relazione finisse, sprofonderebbero in una dolorosa solitudine. Tendono inoltre a esasperare la possibilità di una fine, per esempio ogni volta che il partner si arrabbia credono che stia per abbandonarle, diventano estremamente gelose, possessive e "appiccicose" fin dall'inizio della relazione. Questi atteggiamenti non fanno altro che rinforzare il timore e inducono il partner ad allontanarsi veramente.

Quando una persona che sperimenta un forte timore dell'abbandono si lega a qualcuno solitamente è possibile riscontrare due differenti scenari:

- ✓ Nel primo, il timore di essere abbandonati potrebbe condurre alla scelta di partner instabili, inaffidabili o comunque poco disponibili ad impegnarsi nella relazione, finendo così per alimentare e confermare il timore stesso. Si è infatti attratti da persone che hanno poche probabilità di impegnarsi seriamente perché, per esempio, sono già coinvolte in altre relazioni, oppure vivono lontano. Spesso sono persone a loro volta instabili oppure hanno un atteggiamento ambiguo, un giorno sembrano follemente innamorate e il giorno successivo sono fredde e distaccate.
- ✓ Nel secondo scenario invece, la persona può vivere una relazione stabile. Tuttavia, il pensiero e la convinzione che le relazioni affettive importanti non dureranno, potrebbe comunque portarla a vivere costantemente con la sensazione e il timore che l'altro, prima o poi, se ne andrà. Questo implica un vissuto di preoccupazioni costanti, associate a livelli di sofferenza soggettiva più o meno intensa. Questi generalmente aumentano esponenzialmente in intensità quando si verificano episodi che vengono

interpretati come conferme del potenziale temuto abbandono.

Tali eventi possono essere reali (un ritardo del partner nel rientrare a casa), immaginati (immaginare il partner con un'amica), o riguardare l'interpretazione completamente distorta di eventi del tutto "normali". A dominare in genere è la *gelosia ossessiva*. In tutti e tre i casi si potranno manifestare conseguenze come ansia, paura, angoscia, dolore intenso fino alla sensazione di andare in pezzi, incubi, rimuginio e ruminazione.

Inoltre, aumenta la probabilità di adottare comportamenti orientati a monitorare e mitigare la minaccia e prevenire il temuto abbandono (come ad esempio richieste di rassicurazioni continue al partner). Queste, "paradossalmente", non faranno altro che aumentare la probabilità che il partner si allontani davvero confermando e alimentando, ancora una volta, il timore iniziale di abbandono.

La prima cosa per poter superare il timore dell'abbandono è riconoscere di avere un problema. Ripensare alle caratteristiche delle relazioni passate per capire cosa è andato male, capire se vi è stata un'esperienza di abbandono durante l'infanzia, evitare di instaurare relazioni con partner poco affidabili anche se sono proprio quelli che suscitano maggiore attrazione. E poi fidarsi delle persone realmente desiderose di impegnarsi nella relazione evitando di essere eccessivamente gelosi e possessivi, infine imparare a stare bene anche da soli.

STRATEGIE PER FRONTEGGIARLA

Il *primo passo necessario* per poter fare qualcosa di utile e funzionale nella gestione della paura dell'abbandono è la consapevolezza di come funzionino certi meccanismi. Occorre individuare e comprendere cosa sta succedendo nelle proprie relazioni e perché.

Il *secondo passo* include invece l'agire nel presente affinché certe modalità relazionali non si riattivino costantemente. Fare qualcosa per cambiare e modificare concretamente il nostro modo di agire, soprattutto nelle relazioni. Questo implica il rendersi conto, nella quotidianità, delle dinamiche che si attivano. Serve fare un passo indietro per poter sperimentare, seppure con difficoltà, nuove modalità comportamentali. Qualcosa di alternativo a ciò che, automaticamente, avremmo la tendenza a mettere in atto e che ci porta a risultati indesiderati.

Ad esempio, se il partner sta tardando a tornare a casa senza avvisare, potrebbe essere utile allenarsi a riconoscere i propri pensieri e le emozioni che ne derivano. Si può poi scegliere di **adottare comportamenti che siano più funzionali** per sé (e molto probabilmente anche per la relazione stessa).

Un *altro passo* da fare è quello di esporsi, gradualmente, alle situazioni e alle sensazioni maggiormente temute. Talvolta il timore dell'allontanamento dell'altro è legato anche al timore di non potercela cavare da soli. Può quindi essere utile fare esperienze da soli che incrementino il nostro senso di capacità ed efficacia personale, che ci permettano di farci sentire più competenti e autonomi.

Altro suggerimento: se nella nostra storia relazionale abbiamo avuto spesso la tendenza ad annullarci per allinearci a quelli che erano i desideri dell'altro, è importante imparare a conoscersi davvero come individui. **Serve riscoprirsi** (*chi sono io oggi? cosa mi piace davvero? di cosa ho bisogno? cosa non mi piace?*) È importante imparare a prendersi cura di sé, conoscere le proprie vulnerabilità e i momenti di vuoto che ci pervadono. Impariamo a "nutrirci", a prescindere dalla presenza dell'altro.

Tutti questi processi ci consentono di vedere meglio noi stessi (e l'altro) per quello che davvero si è, e diventano importanti anche al fine di poter sperimentare una relazione che sia veramente appagante e soddisfacente.

Per affrontare la paura dell'abbandono quindi, lo step più importante è **riconoscerne la causa**. Torniamo con l'immaginazione alla nostra infanzia e individuiamo le persone che abbiamo perso o che ci hanno lasciato. Come è stata la nostra relazione con la figura paterna? E con la famiglia? Partiamo con un dialogo interiore, dicendoci che non è stata colpa nostra. La loro partenza, le loro decisioni di allontanarsi da noi, di rifiutarci, erano totalmente fuori dal nostro controllo. Una volta accettato, cambiamo la nostra consapevolezza e comprendiamo che non abbiamo mai allontanato nessuno. È dipeso da loro: o non avevano scelta o erano troppo deboli per restare.

È necessario riconoscere il proprio valore e non dipendere da qualcuno per convalidarlo. L'unica persona di cui abbiamo bisogno per l'approvazione siamo proprio noi stessi!

Se la paura dell'abbandono e le sensazioni ad essa associate sono intense, difficilmente potranno scomparire del tutto. Così, diventa utile imparare a dare loro spazio, senza sforzarsi di allontanarle. Questo diventa molto importante perché cercare di allontanare certe sensazioni espone al rischio di sentirle in maniera più evidente. È invece possibile imparare a "convivere" con esse, ma agendo comunque da adulti consapevoli e responsabili del nostro benessere, verso una vita che sia per noi piena e significativa, nonostante la loro presenza.

LIBERIAMOCI DALLA PAURA DELL'ABBANDONO

È quindi possibile imparare a superare la paura dell'abbandono riconoscendone la causa alla base e cercando di migliorare la propria salute emotiva cambiando gli schemi di comportamento negativi? Certo, è possibile! Ecco alcuni ottimi spunti per liberarci di questa paura:

- ✓ *"Riconosci che le tue emozioni sono una tua responsabilità"*. Superare la paura dell'abbandono significa trovare meccanismi salutari per convivere con la propria ansia. Il primo passaggio in questa direzione è assumersi la piena responsabilità delle proprie sensazioni. Nonostante le emozioni che proviamo possano essere state scatenate dalle azioni di altre persone, è importante comprendere che il modo in cui reagiamo è solo una nostra responsabilità. Per esempio, se qualcuno ci insulta e ci fa arrabbiare, dobbiamo riconoscere che, indipendentemente da quanto possa essere umiliante, spetta a noi decidere e scegliere che tipo di reazione avere. Possiamo arrabbiarci, urlare, andarcene infuriati oppure semplicemente guardare dentro di noi stessi e ricordare che il nostro benessere non dipende dall'opinione degli altri, quindi allontanarci sorridendo.

✓ *"Riconosci la tua paura"*. Riflettiamo sul motivo per cui l'idea di essere abbandonati ci spaventa così tanto: che cosa ci fa così paura nello specifico? Se venissimo abbandonati ora, quale emozione ci causerebbe? Quali pensieri attraverserebbero la nostra mente? Scendere nello specifico ci può aiutare a trovare dei modi per combattere la nostra paura
Per esempio potremmo avere paura che il nostro partner ci lasci e quindi temere di non essere degni di essere amati e non riuscire più ad avere un'altra relazione.

✓ *Smettila di generalizzare"*. Nel caso in cui la nostra paura provenga da un'esperienza vissuta durante l'infanzia, potremmo inconsciamente pensare che possa ripetersi. Prendiamo in considerazione le tematiche della nostra infanzia che potrebbero influenzare la nostra vita presente.

Se siamo un uomo, per esempio e siamo stati abbandonati dalla madre o da una figura femminile che si prendeva cura di noi, potremmo pensare che qualsiasi donna nella nostra vita si comporterà allo stesso modo. Ricordiamoci che non è un pensiero ragionevole e che le persone si comportano in modo unico e diverso le une dalle altre.

✓ *"Passa alla verifica dei fatti"*. Ecco una strategia utile per riacquistare il controllo sé ci stiamo facendo prendere dall'ansia. Fermiamoci un attimo e prendiamo le distanze dalle nostre emozioni. Chiediamoci se i nostri pensieri sono obiettivi: valutiamo se esiste una spiegazione più semplice per ciò che sta succedendo.

Per esempio, se stiamo aspettando da mezz'ora la risposta del partner a un messaggio, la prima reazione, estremistica, potrebbe essere di pensare che si è stancato di noi e non vuole più parlarci. Se è questo il primo pensiero che balza alla nostra mente, chiediamoci se è davvero la situazione più probabile o se, più semplicemente, non sia occupato con qualcuno o abbia dimenticato di riattivare la suoneria del telefono dopo una riunione.

✓ *"Adotta un approccio consapevole"*. L'attenzione cosciente ("Mindfulness") insegna a concentrarsi su ciò che succede nel momento presente piuttosto che su ciò che potrebbe accadere nel futuro. Prestiamo attenzione alle nostre sensazioni attuali e, invece di passare immediatamente all'azione o giudicarci per quello che proviamo, impariamo a fermarci per riflettere e chiediamoci perché ci sentiamo così: potrebbe aiutarci a comprendere meglio le nostre emozioni e sapere distinguere a quali prestare attenzione e quali invece lasciare andare.

La meditazione è un ottimo modo per entrare nella pratica dell'attenzione cosciente. Anche solo 5-10 minuti di meditazione al giorno possono essere utili per diventare più consapevoli dei propri pensieri ed emozioni.

CAPITOLO 6: L'INSICUREZZA NELLA RELAZIONE

RECRIMINAZIONE, VITTIMISMO E BIASIMO

Se prendiamo un qualsiasi vocabolario e cerchiamo la parola *"biasimo"* troveremo la seguente indicazione: *"azione del riprendere, rimproverare chi sbaglia"*.

Il biasimo, o il rimprovero, costituiscono un giudizio negativo, un commento di disapprovazione per un evento, un atteggiamento o un comportamento posto in essere da una persona. La situazione nella quale avviene la comunicazione di una critica, di un biasimo o di un rimprovero è inevitabilmente ricca di coinvolgimenti emotivi (sia nostri che dell'interlocutore) che possono creare delle distorsioni nella percezione, una mancanza di chiarezza nel trasmettere e sentire idee e pensieri.

Mi piace paragonare il rapporto di coppia ad un giardino: se vogliamo che cresca e rimanga in salute, dobbiamo innaffiarlo con regolarità e prendercene cura ogni giorno. Le cure di cui necessita il nostro giardino dipendono dal clima e dalla stagione, e sarà importante seminare, innaffiare, potare, strappare le erbacce; in modo da mantenerlo sempre rigoglioso.

Così ogni stagione della coppia porta con sé necessità e bisogni differenti che debbono essere accolti e affrontati per portare avanti una relazione sana e duratura.

La prima stagione attraversata dalla coppia è la *primavera o fase dell'innamoramento.* Si tratta di un momento magico in cui tutto appare perfetto: il nostro giardino è rigoglioso e ricco di tutto ciò di cui abbiamo bisogno e che abbiamo sempre sognato.

Ad un certo punto però realizziamo che il partner è molto diverso da noi, ha i suoi limiti e i suoi bisogni, i suoi spazi e le sue necessità, insomma non è perfetto come credevamo. Iniziamo allora a comprendere che il rapporto ha bisogno di alcune cure per poter funzionare.

Siamo entrati *nell'estate.* In questa stagione la coppia è molto attenta ai bisogni dell'altro e contemporaneamente si impegna a far in modo che i singoli bisogni siano soddisfatti. Ognuno dei partner è intento a ricercare e ottenere l'amore di cui ha bisogno. Tuttavia se abbiamo curato bene il giardino durante la primavera, adesso ne raccogliamo i frutti e possiamo sperimentare un amore più maturo e gratificante, in cui si accettano le imperfezioni del partner e viene sperimentata una vera condivisione.

Poi arriva *l'autunno*, la stagione della *disillusione* in cui entrambi i partner si accorgono che dare e ricevere amore non è poi così facile e scontato. Entrambi comprendono che non sono sempre felici e le cose non sono sempre come avrebbero desiderato, spesso subentra la frustrazione e il biasimo per l'altro. Entrambi i membri della coppia comprendono che tener vivo il rapporto richiede fatica e impegno costanti. Spesso è importante scendere a compromessi per poter andare avanti, che l'amore da solo non è sufficiente e che non c'è nulla che avviene automaticamente.

Arrivano così i mesi freddi e spogli *dell'inverno*, il momento della crescita solitaria, della riflessione…la stagione in cui la natura si ritira in sé stessa, si ferma. Ogni partner cerca in sé le risposte ai propri bisogni e lascia uscire i sentimenti, felici o dolorosi che siano. È un tempo che ognuno dedica a sé stesso a prescindere dal partner…è il tempo della rigenerazione, personale o di coppia; e se la coppia è stabile, può anche essere il periodo del risanamento.

In questo susseguirsi di stagioni *l'autunno* sembra essere la stagione più difficile per la coppia, quella in cui l'atteggiamento e i comportamenti di ciascun giardiniere sono fondamentali per determinare l'esito dell'inverno. In autunno spesso nascono conflitti e tensioni, la fatica inizia a farsi sentire e la comunicazione tra i partner può spesso diventare ostile e aggressiva.

Ma quali sono gli elementi che maturano durante l'autunno e che hanno il potere di condurre la coppia ad un inverno rigido e solitario?

Il primo tra tutti è la puntualizzazione.

Uno o entrambi i partner si comportano come dei rigidi datori di lavoro onnipresenti che impartiscono ordini all'altro su come coltivare il proprio giardino, puntualizzando le condizioni su come l'altro dovrebbe essere in relazione a rispetto delle regole, sensazioni ed emozioni.

Questo è il punto di partenza per un circolo vizioso a cui prendono parte **recriminazione, vittimismo e biasimo**. I partner non sono più collaborativi e complici nella cura del loro "giardino", ma diventano individui in perenne competizione.

A questo punto si innesca una comunicazione difficile faticosa caratterizzata da continue puntualizzazioni e recriminazioni su ciò che è stato fatto e sulle colpe altrui (*"Ah, sono io quella che non ascolta?"*, *"Tu mi aggredisci sempre, con te non ci si può parlare"*, *"Quando avevo bisogno tu dov'eri"*), una continua enfatizzazione sulle responsabilità dell'altro nel declino della coppia (*"Sei tu che non ti impegni per cercare di rimediare.."*, *"Mi provochi, lo fai apposta"*) fino a giungere alle critiche e ai giudizi morali sull'operato del partner.

Tutto ciò innesca importanti reazioni emotive caratterizzate da rabbia, frustrazione e dal desiderio di trasgressione e ribellione. Ed è adesso che inizia l'inverno, rigido e freddo.

Esistono tuttavia degli ingredienti magici in grado di far tornare la primavera nella coppia:

- ✓ **Domandare anzi ché affermare**, ovvero fare delle domande all'interno delle quali vi è un ventaglio di alternative verso cui vogliamo guidare il partner così da stimolare il processo di cambiamento e la comunicazione propositiva

✓ **Agire piuttosto che limitarsi a pensare**: per promuovere un cambiamento reale è importante mettere in pratica ciò che si è detto, facciamo delle azioni diverse e diventiamo un modello per l'altro

✓ **Evocare sensazioni ed emozioni** anziché spiegare o puntualizzare portando la comunicazione su un piano emotivo incentrato sul "Io" e non sul "Tu". Focalizziamoci sul modo in cui noi ci sentiamo nella relazione con l'altro (*"quando mi rispondi in questo modo mi sento poco compresa"*) e sulle proprie emozioni descrivendole come spesso facciamo con i nostri pensieri

✓ **Accettare i silenzi** e rispettare i tempi comunicativi dell'altro. Evitiamo di essere incalzanti o eccessivamente prolissi: questo non predispone alla comunicazione e all'ascolto attivo

✓ **Non interrompere** l'altro mentre sta spiegando e dare un feed back riassumendo quanto si è appena ascoltato *"Quindi mi stai dicendo che …"* per dare conferma all'interlocutore di aver capito ed evitare così fraintendimenti molto comuni quando si è emotivamente coinvolti.

È impossibile impedire l'alternanza delle stagioni a cui il nostro giardino è sottoposto, ma possiamo affinare i nostri attrezzi da lavoro, sceglierli meglio per rendere gli inverni meno rigidi e le estati meno soffocanti.

Spesso è possibile superare da soli le stagioni rigide, altre volte invece è importante chiedere l'aiuto di un esperto.

LA PAURA DEI "NO"

Ci possono essere molte cose che vorremmo chiedere agli altri: vorremmo chiedere un lavoro, un prestito di soldi, una possibilità per poter collaborare ad un progetto, un bacio. Ma generalmente non chiediamo per la paura di ricevere un "**no**". Perché un no, una parola così piccola e innocua, risulta così fortemente dolorosa, così difficile da ascoltare ed accettare? Perché può diventare qualcosa che piuttosto di sentirla, ci farebbe preferire di morire d'indigenza?

Il motivo è che non si tratta semplicemente sentirsi dire di NO; ciò che stiamo cercando di evitare è di sentire qualcosa di molto diverso, ovvero di farci dire che *siamo sbagliati*.

Impariamo ad affrontare la questione da un'altra ottica: *"Il no è sempre un vantaggio, imparare dai NO ricevuti vuol dire essere un passo in avanti verso il raggiungimento dell'obiettivo".*

Ci sono persone che si arrendono alla prima difficoltà, e altre che non mollano mai. Le prime trovano una scusa anche nel più piccolo dei problemi per tirarsi indietro e mollare; le seconde sono inarrestabili, non importa il numero di problemi, di fallimenti, delusioni, di cadute: si rialzano sempre e non si arrendono mai.

Thomas Edison fece migliaia di tentativi sbagliati prima di riuscire ad inventare la lampadina. Una vicina di casa gli chiese: *"Mister Edison, anche oggi nessun risultato?" E lui rispose: "Nessun risultato? Tutt'altro: anche oggi ho scoperto 10 nuovi modi di come NON si ottiene una lampadina!"* Edison fece migliaia di tentativi prima di raggiungere l'obiettivo che si era prefissato di raggiungere.

E cosa dire di Walt Disney? Si racconta che abbia visitato quasi 300 banche per chiedere e trovare un finanziamento che gli permettesse di aprire il suo parco a tema, e che tutte gli abbiano risposto di "no"! Walt Disney non si è arreso, e dopo 300 "no" ha finalmente trovato un "si".

Un'altra storia curiosa ed interessante è quella di Sylvester Stallone. Quando scrisse il copione di Rocky si trovava in serie difficoltà economiche e aveva circa 100 dollari in banca. Presentò la sua idea a diverse case cinematografiche, ottenendo sempre la stessa risposta: al pubblico non interessava un film sulla storia di un pugile. Infine ne trovò una interessata. Ma Stallone aveva messo una condizione nel suo progetto: voleva essere il protagonista del suo film.

Gli venne offerta una somma consistente di denaro per convincerlo a rinunciare al suo ruolo e a vendere il copione, ben 300.000 dollari. La produzione non voleva un attore sconosciuto come protagonista! Ma il giovane Sly restò fermo sulle sue idee, riuscendo infine a vincere la sua battaglia. Il resto è storia. Rocky ha vinto 3 premi Oscar e ha reso Stallone uno degli attori più famosi su Hollywood.

In letteratura esistono centinaia di storie simili. Il successo non arriva senza superare difficoltà e ostacoli. Ostacoli che fermano chi non è abbastanza determinato. La nostra vita infatti sarà sempre costellata di "no", di rifiuti! Ai Beatles venne caldamente consigliato di cambiare mestiere…, per fortuna un consiglio che loro non hanno ascoltato!

Purtroppo siamo molto spesso terrorizzati dal ricevere un rifiuto, e capita che ci tratteniamo dall'esprimere i nostri pensieri, dal fare domande sulla motivazione di quel no. Impariamo come sconfiggere questa paura, ricordando che l'unico motivo per cui le persone ci dicono no è perché la nostra richiesta non si accorda con i loro piani, il nostro pezzo di puzzle non si incastra nel loro disegno, e che quindi il loro no non implica automaticamente che non valiamo niente o che la nostra idea o proposta sia insensata o sbagliata, semplicemente non si adatta alla situazione.

Il "no" assoluto non esiste. Ci sarà sempre qualcuno disposto a credere in noi, ma siamo in grado di trovarlo? Oppure ci arrendiamo di fronte alla prima critica? Il fallimento è solo una conseguenza, un risultato; eppure ci capita di avere così paura di sbagliare da non provarci nemmeno.

Non focalizziamoci sulle difficoltà, dissociamoci dai pensieri negativi e soprattutto agiamo: l'azione è l'unica garanzia di progredire. Solo agendo potremo essere consapevoli dei vantaggi che abbiamo, e quindi amplificarli, come anche dei nostri limiti, e quindi correggerli.

VOLER SEMPRE AVERE L'ULTIMA PAROLA

Nell'antica Grecia veniva chiamata **"ubris"**, ossia un atteggiamento considerato superbo, con cui l'uomo cercava di liberarsi dalle dure leggi a cui gli dei lo sottoponevano. Lo stesso accadeva nel Medioevo cristiano, quando chi, volendo affermare le proprie intuizioni, andava al di là del principio di autorità ecclesiastica e delle conoscenze imposte dalla fede di quel tempo e veniva accusato di orgoglio intellettuale, se non addirittura mandato al rogo.

Parliamo di una *volontà puntigliosa, intransigente, permalosa, di imporre il proprio pensiero*, a prescindere che si abbia ragione oppure no. Si tratta appunto del *"voler avere sempre l'ultima parola*", un atteggiamento di cui molti vanno persino fieri, come se fosse una dimostrazione di valore e di forza mentale, ma che invece produce molti danni. Qui non si tratta più di conoscere e il raggiungere un punto di vista obiettivo, anzi, è diventato proprio quell'elemento regressivo contro il quale il sano istinto di libertà combatte da sempre.

L'orgoglio intellettuale è caratteristico di chi, in una discussione, è più preoccupato a far valere la propria idea piuttosto che dialogare con gli altri, di chi, pur rendendosi conto che l'altro ha ragione, continua a difendere assurdamente la propria posizione. Non si tratta di semplice testardaggine: è un esercizio di stile, di petulanza verbale che maschera una forma di aggressività. Qualcosa che, in fondo, impedisce di essere in vero e proficuo scambio con la realtà esterna: si considerano solo le proprie idee, se stessi, non esiste nient'altro. E, quando l'orgoglioso non ha idee, aspetta che gli altri dicano le loro, per poi controbattere con qualcosa di diverso o di opposto, così da far vedere che è la sua l'idea giusta, quella definitiva.

Fortunatamente, per quanto tale atteggiamento possa essere radicato, non è difficile modificarlo. Occorre rendersi conto che, dove c'è orgoglio all'estremo non c'è libertà e che a non avere libertà non è tanto chi subisce "l'ultima parola", ma proprio chi la afferma. Chi ha a che fare con una persona orgogliosa, prima o poi finisce nell'abbandonarlo alle sue convinzioni, e così si rimane liberi di poter pensare e di potersi esprimere come meglio si crede con chiunque altro.

La persona orgogliosa invece resta lì, con la sua inutile prova di forza, come la vecchia statua di un condottiero di cui non importa più niente a nessuno. **Abbandonare l'orgoglio intellettuale significa innanzitutto lasciare libero il proprio pensiero.**

Le prime volte che si rinuncia ad avere l'ultima parola, si proverà una sensazione di sconfitta, di inferiorità. Ma se si esce dall'idea del confronto e del dibattito intesi come un ring su cui si combatte per il proprio valore, allora si approda alla bellezza del vero scambio, di un dialogo fecondo e produttivo. Si raggiunge la libertà di poter dire quello che si pensa davvero, si può cambiare idea e si può anche osservare come spesso non esista una sola idea giusta, ma possano coesistere possibilità diverse, punti di vista che si integrano e trovano armonia pur nel loro essere opposti.

Spesso le persone orgogliose non si accorgono degli effetti negativi che producono negli altri, presi come sono dalla loro necessità di avere sempre ragione e di avere l'ultima parola. Nei più insicuri si instaura un senso di inadeguatezza, dubbio continuo, frustrazione rispetto alle proprie idee e speranze. In quelli che si considerano paritari subentrano irritazione, nervosismo e insofferenza per l'impossibilità di avere un dialogo sano ed utile e, alla lunga, si manifesta la tendenza ad evitare tali relazioni.

E se fossimo proprio noi il soggetto orgoglioso?

- ✓ **Ascoltiamo per davvero**: spesso non ascoltiamo realmente quello che dice l'interlocutore; stiamo solo in attesa che finisca di esporre la sua idea. Quello che ci interessa veramente è che poi noi possiamo esprimere la nostra idea, e portarla avanti fino alla fine. Impariamo l'ascolto attivo, non limitiamoci a sentire e cogliamo le parole degli altri con attenzione.

✓ **Attenzione alla compulsione**: voler avere l'ultima parola spesso è un automatismo riflesso dietro al quale si cela l'insicurezza, il non sentirsi sufficientemente autorevoli. Se rinforziamo l'autostima, potremo probabilmente fare a meno dell'orgoglio.

✓ **Accettiamo la pluralità**: possiamo anche pensare di avere ragione in un dibattito, ma non è detto che questo debba terminare con un "vincitore" o con una conclusione netta e univoca.

✓ **Attenzione al contesto**: l'orgoglio intellettuale acceca e impedisce di accorgersi dei segnali non verbali. Prestiamo attenzione al contesto e alla situazione dell'interlocutore: noi potremmo avere ragione in termini teorici, ma lui magari vive una realtà concreta differente dalla nostra e l'osservazione della sua gestualità, delle sue espressioni ci possono aiutare a comprenderlo.

✓ **No alle teorie pronto-uso**: non ragioniamo per teorie pre-confezionate. Partiamo dal presupposto che le opinioni assolute sono rischiose e che la verità è sempre mutevole.

NESSUNO RISULTA ALL'ALTEZZA DEI TUOI STANDARD

In questo paragrafo vogliamo parlare di tendenze perfezioniste esasperate e di quanto risultino negative per noi stessi e per chi ci circonda. Spesso, infatti, ci troviamo ad applicare i nostri standard impossibili alla performance di un'altra persona.

Mi piace, a tale proposito, riportare l'esperienza di un papà raccolta in un gruppo di ascolto e che trovo molto significativa per l'argomento che stiamo trattando.

"All'inizio di quest'anno, il gruppo teatrale di mio figlio gli ha dato l'opportunità di fare un'audizione per una piccola parte nello spettacolo di fine anno.

Era il suo primo musical in assoluto e la sua prima possibilità di esibirsi al di fuori di un ambiente scolastico.

Era entusiasta della performance imminente, anche se la sua tenera età di otto anni non gli ha permesso di apprezzare in pieno l'esperienza.

Penso di essere stato più eccitato di lui.

Ha imparato le sue battute e le ha provate bene. Non era così entusiasta delle routine di ballo, ma era felice di cantare a squarciagola i suoi piccoli assoli.

È arrivata la sera del grande spettacolo. Mentre guardavo la sua performance mi sono sorpreso a sottolineare tutte le piccole cose che poteva fare meglio.

Guardò di traverso gli altri bambini durante le sue routine di ballo invece che fuori verso il pubblico. Si è dimenticato di cantare alcune parti dei numeri corali mentre si concentrava sui suoi piedi, e si è allontanato dietro il sipario sbagliato. Ha dovuto poi uscire di soppiatto per trovare l'uscita giusta un paio di volte.

Nella mia testa, avevo questa lista crescente dei suoi errori che mi impediva di godermi lo spettacolo.

Cosa stavo facendo?

Stavo applicando i miei standard impossibili alla performance di un bambino di 8 anni!"

Qui entra in gioco il *perfezionismo*, una predisposizione a considerare inaccettabile qualsiasi cosa che, per i nostri standard, non sia la perfezione.

Facciamo un distinguo però tra il *perfezionismo e l'impegno salutare*. È importante mantenere degli standard elevati e credere e impegnarsi per poterli raggiungere, ma dobbiamo aiutare che ci sta accanto a vedere gli errori come un'opportunità di crescita e non come un fallimento personale.

L'impegno salutare è un modo di auto-motivazione che ci dà forza e sostegno, proprio come farebbe un allenatore nello sport. Al contrario, il perfezionismo è punitivo, critico e basato sulla paura.

In una recente ricerca, Thomas Curran e Andrew Hill hanno dimostrato che il perfezionismo è un fenomeno in aumento tra gli studenti nelle università americane, canadesi e britanniche e che questo perfezionismo può contribuire all'enorme aumento di problemi di salute mentale come ansia, depressione, fobia sociale e pensieri suicidi nei giovani.

Il perfezionismo è paralizzante: voler essere sempre migliori in tutto è un lavoro estenuante!

Ecco cosa possiamo fare per provare a cambiare il nostro atteggiamento perfezionista:

- ✓ Individuare le voci eccessivamente critiche che entrano nella nostra testa e i pensieri "tutto o niente". Proviamo a sostituire questi pensieri con altri più realistici.
- ✓ Concentriamoci sugli aspetti e i risultati positivi di una performance o di un progetto.
- ✓ Guardiamo il quadro generale e chiediamoci: cosa vogliamo veramente che i nostri cari ottengano da questa attività?
- ✓ Quando una persona a cui volete bene commette degli errori, chiedetevi come potete utilizzare l'esperienza per aiutarla a sviluppare una mentalità di crescita?
- ✓ Concentriamoci su quali sono i comportamenti e i risultati specifici che meritano una lode.

✓ Impariamo a lodare la perseveranza, la resilienza e il duro lavoro indipendentemente dai risultati.

COME SUPERARE GLI ASPETTI DI INSICUREZZA IN UNA RELAZIONE

L'amore necessita e richiede fiducia, onestà e libertà: non c'è posto per la paura e le insicurezze. La nostra insicurezza in una relazione è difficile da gestire, perché inevitabilmente ci porta ad essere gelosi.

L'insicurezza in amore è un elemento che si presenta frequentemente; sono tante le persone, infatti, che ogni giorno si chiedono come combatterla per ritrovare un equilibrio migliore all'interno della propria relazione.

L'insicurezza è uno dei più grandi limiti della vita e delle storie d'amore. Tentare di combattere la propria insicurezza, ritrovare la propria autostima prima di piegarsi agli effetti dell'invecchiamento, dovrebbe essere un obiettivo di tutti.

L'insicurezza può sorgere anche quando viviamo una bellissima storia d'amore che ci sembra quasi troppo bella per essere vera. Cominciamo a pensare che ci sono tante altre figure che ruotano nel nostro universo e che sono più sexy e attraenti di noi. L'insicurezza relazionale ci fa vedere problemi che non esistono, trasformando quella che avrebbe potuto essere una relazione di successo in un fallimento di breve durata, triste e con esito traumatico.

L'insicurezza gioca un ruolo fondamentale in amore ed accoglierla in maniera razionale oppure in maniera emozionale crea enormi dislivelli.

È naturale porsi delle domande e non vivere una storia d'amore con una cieca sicurezza; ma lasciarsi divorare dalle insicurezze è di certo un aspetto da evitare perché farà molto male alla nostra relazione.

Qualsiasi relazione porta con sé quasi automaticamente una componente nostalgica. La paura di perdere il partner o di essere traditi fanno parte del gioco, l'importante è però non farci travolgere e soccombere di fronte a queste paure.

L'insicurezza dovuta alla paura del tradimento nascerà senz'altro da una passata esperienza negativa. E anche in questo caso subentra la razionalità: avere la certezza di non essere traditi non è possibile, né è pensabile poter controllare il proprio partner tutto il giorno. L'amore dovrebbe fondarsi sulla fiducia, e non bisognerebbe neanche prendere in considerazione l'idea di essere traditi senza che ci sia un reale motivo.

Quello che consuma l'insicuro è l'ipotetico confronto con un terzo incomodo: un pensiero ossessivo che distrugge la sua autostima. Anche se il tradimento fosse appurato, quasi sicuramente non è stato perpetrato in termini di paragone tra i due partner. Solo la persona tradita percepirà il tradimento come un confronto sviluppando così l'insicurezza.

Cerchiamo di capire cosa ci porta ad essere insicuri e gelosi nella relazione e parliamone con il nostro partner.

- ✓ **Smettiamola di pensare che tutto ruoti solo intorno a noi**.

  Una visione del mondo egocentrica ci farà rincorrere i mostri anche dove non esistono. Se il nostro partner non ha voglia di uscire, non diamo per scontato che non voglia stare con noi, che preferisca tutto il resto alla nostra presenza. Può semplicemente avere avuto una giornata storta o pesante! Non rimproveriamo il partner per essere troppo tranquillo, o chiedergli continuamente *"a cosa stai pensando?"*, durante ogni momento di silenzio.

  Una persona insicura sviluppa un'opprimente necessità di riempire ogni secondo di silenzio con delle parole (a volte inutili).

- ✓ **Smettiamola di ossessionarci**

  I nostri pensieri potrebbero essere i migliori amici della nostra relazione o, in assoluto, i peggiori. La loro dimensione ha un effetto diretto sulla qualità della nostra relazione.

  Ogni volta che ci sentiamo insicuri riguardo alla nostra relazione, ripetiamoci: *"La cosa di cui sono preoccupato esiste solo nella mia testa. Ho il pieno controllo di tutto, e non c'è niente di cui io debba avere paura, niente!"*.

- ✓ **Smettiamo di trascinarci dietro tutto il peso!**

Sarà veramente difficile trovare una persona che non si trascini dietro, chi più grande, chi meno, un peso da una relazione che ha avuto un esito tragico nel passato. Un piccolo peso è accettabile, ci serve anche per non commettere gli errori del passato, ma è necessario che alleggeriate il carico prima di iniziare una nuova relazione. Lasciamo perdere ogni sentimento offensivo o di risentimento residuo che potrebbe esserci rimasto incollato e rendiamoci conto che la nostra nuova relazione è una nuova opportunità, è una nuova storia per buttarci tutto alle spalle.

✓ **Basta vedere le cose solo in bianco e nero**

Attaccare il partner per un problema – non importa quanto ovvio possa sembrarci – molto probabilmente farà sì che si metta sulla difensiva.

Questo di solito porta ad un "combattimento" trascinato, che è l'opposto del produttivo, perché siamo troppo impegnati a cercare di dimostrare che abbiamo ragione anziché concentrarci nel risolvere il conflitto.

Se esiste un problema o un dubbio, o anche una semplice malinconia, non puntiamo immediatamente il dito, ma piuttosto avviciniamoci al nostro partner con comprensione e con il desiderio che le cose vadano sempre meglio.

✓ **Basta con le paranoie!**

Tutti noi parliamo con persone del sesso opposto e ci mancherebbe che non fosse così! **Evitiamo** la tentazione di spiare il suo telefono, i messaggi sulla posta elettronica o il suo account di Facebook appena lo dimentica aperto

Mentre questo potrebbe temporaneamente calmare i nervi quando ci rendiamo conto che effettivamente non c'è nulla da vedere, è anche un comportamento che potrebbe diventare rapidamente coinvolgente, abitudinario, e perciò altamente dannoso per il rapporto di fiducia.

Mentre questo potrebbe temporaneamente calmare i nervi quando ci rendiamo conto che effettivamente non c'è nulla da vedere, rendiamoci conto che è anche un comportamento che potrebbe diventare rapidamente coinvolgente, abitudinario, e perciò altamente dannoso per il rapporto di fiducia.

✓ **Non rimandiamo le conversazioni scomode**
I conflitti sono certamente stressanti sul momento, ma sono anche quelli che costruiscono la forza della nostra relazione a lungo termine. Affrontare i problemi senza paura, ma con maturità e disponibilità, ci aiuterà ad avvicinarci sempre di più.
Parliamo con sincerità e chiarezza, ed altrettanto chiediamo che faccia il nostro partner.
La fiducia diventerà così forte da poter dire tutto ciò che ci passa per la mente, senza paure.

✓ **Smettiamo di dipendere da chiunque che non siamo noi stessi**

Avere qualcuno da abbracciare, baciare, coccolare, con cui fare l'amore e con cui condividere la vita, fare progetti, immaginare il futuro è a dir poco meraviglioso.

Ma prima di partire verso il tramonto in cerca di amore, impariamo ad amare noi stessi!!!

Lasciamo andare l'insicurezza, lasciamola defluire dai nostri pensieri e allora potremo aspettarci degli splendidi effetti collaterali: l'enorme serenità di una storia d'amore da manuale!

CAPITOLO 7: IL PENSIERO NEGATIVO

I TIPI DI NEGATIVITÀ

I pensieri negativi sono una componente inevitabile dell'esperienza umana. Questo tipo di pensiero può impantanarci e renderci difficile operare nella vita quotidiana o prendere le grandi decisioni che contano davvero. Se vogliamo ritrovare la strada verso la felicità, dobbiamo imparare a sfidare e cominciare a sostituire i nostri pensieri e le emozioni negative, ma questa è una sfida che richiede tempo e molto duro lavoro all'interno.

Il pensiero negativo continuato (noto anche come *ruminazione*) non è salutare e il suo superamento è un processo che richiede una consapevolezza cosciente e uno sforzo molto impegnativo. I pensieri negativi o indesiderati minano la nostra autostima e ci lasciano afflitti, svuotati e pieni di insicurezze. Piuttosto che lasciarci distrarre da ciò che non lo è, dobbiamo imparare a concentrarci su ciò che è e imparare a vivere una vita più felice comprendendo le emozioni negative e come possiamo fare per riformularle.

Il pensiero negativo si basa sulla *paura*, nel senso che deriva dalle nostre insicurezze e da quelle cose nella vita che ci hanno ferito o ci hanno reso in qualche modo titubanti. Siamo nati sgombri da qualsiasi pensiero e formiamo le nostre convinzioni e opinioni nel tempo, sulla base degli esempi forniti dai nostri custodi e le esperienze fanno parte delle nostre vite.

Tutte queste cose creano un'unione volta a formare le basi di come interagiamo con il mondo, ed è attraverso queste esperienze che formiamo le nostre idee e capacità. Il pensiero negativo può svilupparsi in molte parti segrete e nascoste di noi stessi, annidarvisi, ma è nostra responsabilità scavare in profondità e cercare di capire da dove proviene, da dove trae la sua origine. Mentre le nostre esperienze possono contribuire ai nostri modelli di pensiero negativi, anche la qualità e lo stato del cervello possono contribuire, ostacolando la nostra positività con malattie mentali vendicative come la depressione e l'ansia.

Nel mondo della psicologia, il pensiero negativo viene anche definito *distorsione cognitiva*, ovvero indica semplicemente i modi in cui la nostra mente ci convince di qualcosa che non è del tutto vero. Questi pensieri, inesatti in quasi ogni loro singola modalità, rafforzano il nostro pensiero negativo e ci tengono bloccati. Per superarli è necessario comprenderli.

✓ **Polarizzazione**

Quando ci intrappoliamo in un modo di pensare polarizzato, iniziamo a vedere le cose solo come "bianco o nero". Il pensiero polarizzato significa tutto o anche niente; significa dover essere perfetto o essere un completo fallimento. Non c'è una via di mezzo quando il nostro pensiero è polare. Gli individui con un pensiero polarizzato collocano le persone e le situazioni in una o più categorie. Non c'è nessuna sfumatura di grigio quando si tratta del modo in cui vedono il mondo, e anche le circostanze più complesse sono prive di significato per loro. Ci sono solo estremi. Questa è una delle più tossiche forme di pensiero negativo e può anche essere una delle più difficili da accettare, riformulare e superare.

✓ **Filtraggio**

Coloro che filtrano il loro pensiero in realtà ingrandiscono i dettagli negativi che trovano nelle situazioni o nelle persone. Invece di vedere il buono in una situazione, filtrano tutto il positivo e si concentrano su tutti gli aspetti negativi, come se avessero una lente d'ingrandimento. Sono fissati dalla loro delusione e si aspettano che le persone che li circondano provino la stessa fissazione Si crogiolano su cose che li rendono infelici perché questo dà loro un senso di potere e di giustificazione nella loro vittimizzazione. La loro realtà è oscura ed è distorta. Stare intorno a loro crea un risucchio di energia inimmaginabile.

✓ **<u>Ragionamento emotivo</u>**

Questa distorsione del ragionamento emotivo si riscontra nel momento in cui una persona crede che i suoi sentimenti siano automaticamente giusti e veri, qualunque cosa possa accadere. Il problema nasce, ovviamente, per il fatto che, in quanto esseri umani, le nostre emozioni non sono sempre giustificate e spesso provengono da un luogo diverso dalle nostre effettive circostanze esterne. Quando le nostre emozioni hanno il sopravvento, questo ragionamento emotivo cancella ogni razionalità o logica che avremmo potuto vedere da una angolazione diversa. Coloro che si impegnano in un ragionamento emotivo non sono persone con cui è possibile ragionare. Questo perché le emozioni non si originano solo dal nostro cervello; ma provengono anche dai nostri cuori, dalle nostre anime e dalle nostre esperienze passate.

✓ **<u>Personalizzazione</u>**

Quando crediamo che tutto ciò che fanno gli altri sia una reazione alla nostra persona, ecco che stiamo *personalizzando il nostro pensiero*. Questo tipo di pensiero ci porta in un luogo che pullula di ossessioni, un luogo in cui hanno inizio i confronti con gli altri in un modo che non è solo malsano, ma anche controproducente. Coloro che si dedicano al pensiero personalizzato spesso vedono se stessi come la causa di tutto ciò che è negativo, anche se chiaramente non ne erano la causa. A volte, questo tipo di "autoflagellazione" può derivare da una scarsa autostima, ma anche da un bisogno di attenzione o da un bisogno di manipolare le emozioni degli altri.

✓ **Estremi della generalizzazione**
Si tratta di una distorsione cognitiva piuttosto comune ed è quella in cui una persona arriva a una conclusione generale sulla base di un singolo incidente o di un unico elemento di prova. A questa persona non importa se le prove sono scarse o fragili, oppure prive di validità. Quando una cosa brutta si verifica una volta, si aspettano che accada ancora e ancora. Un singolo evento diventa così un modello di autolesionismo che si ripete all'infinito.

✓ **Catastrofismo**
✓ In questa fase le persone si aspettano che, qualunque cosa accada, ne derivi in disastro. Questo tipo di distorsione è noto anche come *ingrandimento* ed è un po' come il filtraggio. Coloro che si impegnano in questo tipo di pensiero negativo possono semplicemente ascoltare un problema e costruire rapidamente una catastrofe in cima ai loro "**e se...**" . Sono portati ad immaginare sempre il peggio in

assoluto e non importa quali assicurazioni possono ricevere, sanno solo che accadrà solo il peggio.

✓ **<u>Fallacia del cambiamento</u>**

Qui subentra la convinzione che sia sufficiente una sola pressione esterna, perché si possa cambiare o controllare il comportamento o le scelte di un'altra persona. Questo tipo di pensiero negativo è estremamente tossico ed è comune nelle relazioni con un alto livello di codipendenza o dipendenza emotiva. Può anche essere osservato comunemente in coloro che hanno subito un forte dolore o un grosso trauma in passato.

COME RAPPORTARSI CON PERSONE CHE HANNO UN PENSIERO NEGATIVO

Esistono persone con una tale carica di negatività, che arrivano ad intossicarci e a farci stare male. Tra le persone che ci stanno intorno o con cui abbiamo a che fare per varie ragioni, possono esserci dei **vampiri emotivi**. Sono individui che hanno la capacità di farci sentire ansiosi, insicuri, intimiditi e depressi. I vampiri emotivi, infatti, risucchiano letteralmente la positività che è dentro di noi. Magari alcuni non lo fanno per cattiveria, tuttavia è meglio imparare a riconoscere quando una persona è negativa o addirittura tossica.

Certo è che potrebbe essere difficile riconoscere che dietro ad un'amica, un collega, il partner, un familiare possano celarsi dei vampiri emotivi. Ne va del nostro benessere e dell'equilibrio psichico riconoscere quelle persone che ci prosciugano energia positiva per caricarci poi della loro negatività.

Esistono nove tipi di vampiri emotivi e se impariamo a riconoscerli, possiamo anche a trovare la strategia più adatta per allontanarli o, quantomeno, limitare la loro azione negativa nei nostri confronti. In altre parole a renderli inoffensivi. Impariamo a riconoscerli in base alla loro tipologia:

✓ **<u>Il Narcisista</u>**

Risulta essere il più pericoloso tra i vampiri emotivi. Si tratta di persone totalmente prive di **empatia,** che quindi non si preoccupano minimamente dei nostri sentimenti. Quando abbiamo a che fare con un narcisista, bisogna comprendere che è una persona con una sfera emozionale limitata e che è incapace di provare emozioni come le proviamo noi. Non aspettiamoci nulla di diverso da quello che è, altrimenti ci esaurirà.

Per neutralizzarlo, è necessario riconoscere il proprio valore e abbassare le aspettative nei suoi confronti. Dobbiamo allontanarci emotivamente il più possibile da questa persona. Assicuriamoci che la nostra autostima e il nostro valore provengano dal nostro profondo e che non siano invece un tentativo di compiacerla. In questo modo il potere del narcisista su di noi si indebolisce, in quanto egli avverte la nostra autonomia.

✓ **La Vittima**

La vittima è una persona che parla costantemente di tutte le cose brutte e gli avvenimenti negativi che le sono successi. Il problema, tuttavia, non sta nel fatto che sia lamentosa, ma che non abbia alcun interesse a risolvere i problemi di cui parla.

La cosa fondamentale da comprendere con questo "vampiro" è che non possiamo davvero aiutarlo a risolvere i suoi problemi (in primis perché non vuole) e poi perché non è una nostra responsabilità né tantomeno il nostro lavoro.

È necessario proteggersi da questo tipo di figure per evitare di essere risucchiati dalla loro negatività. Quando cercano di coinvolgerci, interrompiamo gentilmente il discorso (anche inventandoci una scusa).

✓ **Il Controller**

Questo tipo di persona vuole che tutti facciano le tue cose a modo suo. Vuole controllare come e cosa facciamo, cosa diciamo, e, alla fine, chi siamo. I suoi consigli (spesso non richiesti), vengono espressi *"sempre per il nostro interesse"*, ma nel momento in cui esprimiamo un'opinione diversa, o esterniamo un pensiero che non collima con la loro idea, allora ci fa sentire sbagliati e inadeguati.

Per neutralizzare un controllore, necessita mettere in campo l'assertività. Si può essere assertivi e gentili allo stesso tempo. Ringraziamo semplicemente la persona per il consiglio elargito, ma sottolineiamo che preferiamo fare le cose a modo nostro. Non dobbiamo aver paura di opporci a un controller e di dire «Grazie, ma no». Non hanno nessun diritto di dirci come vivere la nostra vita.

✓ **Il Chiacchierone**

Il chiacchierone è una persona che parla costantemente di sé stessa, della sua vita, tutta presa dai suoi problemi e dai drammi che la circondano, senza lasciare spazio agli altri. In sostanza, non ha il minimo interesse a noi o ai nostri sentimenti: noi siamo soltanto un pubblico che lo ascolta. Questo può farci sentire svuotati, privi di importanza e ignorati.

In questo caso bisogna usare la comunicazione diretta, ovvero dobbiamo cambiare discorso. L'unico modo è prendere l'iniziativa e introdurre un altro argomento, perché un vampiro "chiacchierone" non coglie segnali più morbidi da parte nostra, dal momento che non ci ascolta.

✓ **Il Drama Lama**

Il termine è scherzoso, perché rimanda a un animale di moda, (il lama appunto) ma sicuramente rende l'idea di questo tipo di vampiro emotivo. È un soggetto che proprio come il lama "sputa" a random i propri problemi sugli altri. Tutti sanno che se un lama decide di sputarti addosso non hai scampo, esattamente come accade quando un Drama lama (umano) decide di prenderti di mira e raccontarti, senza tregua, tutti i suo problemi! È una persona che tende ad ingrandire ogni cosa in modo negativo Tutto diventa un dramma, anche i dettagli più insignificanti, come quando qualcuno che non lo ha visto per strada non risponde con un saluto.

Se possibile, non facciamoci coinvolgere nelle sue conversazioni. Se proprio non riusciamo a evitarle, interrompiamole prima possibile, anche quando sembrano banali pettegolezzi.

✓ Il Critico

È quella persona che ha sempre una critica verso chiunque o qualsiasi cosa la circondi. Niente è mai abbastanza buono o positivo per lei, quindi farà sempre la pignola e i suoi commenti saranno inutili e scortesi. Questi vampiri emotivi non hanno niente di carino da dire su nessuno e il loro unico dialogo prende sempre una piega di scortesia e critica.

Quando abbiamo a che fare con loro, cerchiamo di non prenderla sul personale perché stanno solo portando i loro sentimenti e problemi negativi su di noi. Perciò, non prestiamo attenzione alle loro critiche e cambiamo argomento appena possibile.

✓ Il Giudice

Questa persona giudica negativamente tutte le altre persone che approccia e non, e questo ci porta inevitabilmente a chiederci cosa potrà dire di noi alle nostre spalle. È una persona tossica perché è piena di insicurezza e negatività che distribuisce a grandi mani. Se abbiamo a che fare con questo tipo di vampiro emotivo, dobbiamo assolutamente prenderne le distanze. Manteniamo la calma e non prendiamo sul serio i commenti di "un giudice". Soprattutto, non lasciamo che capisca che ci ha ferito, perché cercherà di aumentare il carico.

✓ **Io sono migliore di te**

Questa è la persona che cerca sempre di aiutare qualcuno. Non importa come o con cosa, lui (o lei) l'ha già fatto e l'ha fatto meglio di noi. Questo tipo di vampiro emotivo ci fa sentire insicuri, piccoli e inadeguati. Cerchiamo di capire che questo suo modo di imporre la propria superiorità deriva al contrario da una profonda insicurezza.

Tuttavia, non incoraggiamolo, perché il suo ego è falso e deviato. Acquisiamo la consapevolezza che noi siamo bravi e faremo bene anche se agiamo in modo diverso da quello che questi vampiri emotivi suggeriscono attraverso la loro "superiorità".

✓ **L'Innocente**

Questo è un tipo pericoloso, perché potrebbe occorrere anche parecchio tempo prima di capire che ci sta facendo del male. Di primo acchito può sembrare una persona indifesa, per cui probabilmente viene naturale cercare di aiutarla. La situazione, tuttavia, potrebbe presto sfuggirci di mano, perché chiede sempre più spesso il nostro intervento e, se glielo neghiamo, cerca di farci sentire in colpa, perché gioca sul fatto che ci siamo proposti noi per aiutare. Tenta insomma di fagocitarci!

L'unico modo per sottrarsi è appunto dire di «No»: questo non ci rende assolutamente una brutta persona, ma al contrario, ci mette al riparo: in realtà, facciamo un favore anche al vampiro, che in questo modo smette di dipendere da noi.

NON LASCIAMOCI TRASCINARE NEL PENSIERO NEGATIVO

Abbandonare i pensieri *distruttivi e pessimisti* richiede una tecnica raffinata, perché è una sorta di rivoluzione esistenziale. Ma come si riesce a smettere di pensare negativo?

Siamo spesso portati ad ascoltare la nostra voce "*realista*", o così ci piace chiamarla, che ci spinge a non rischiare e ci fa accantonare, fino ad abbandonare i nostri sogni per scegliere una via apparentemente più sicura. Tama Kieves è una conosciuta Life Coach americana e racconta la sua personale esperienza su Thrive Global: "*Da giovane ho sempre pensato che non sarei mai diventata una scrittrice. Sono cresciuta a Brooklyn in una famiglia di origine ebrea. Mi è sempre stato detto che se avessi scelto l'arte della scrittura, come percorso di vita, avrei fatto la fame. Così sono diventata un avvocato. Per me e la mia famiglia, quello era un pensiero realistico, che mi avrebbe tenuto coi piedi per terra, ma poi ho capito che era un pensiero negativo. Per molti anni mi sono fatta limitare da questi pensieri cattivi, e così ho perso molto tempo a non fare ciò che desideravo. Questo succede a molte persone: è una tendenza culturale che sfocia nel pessimismo cronico".* Ora Tama è una life coach di successo, autrice di diversi libri psicologici ed è guarita dalla depressione una volta per tutte.

Può sembrare assurdo ma ci sentiamo incoraggiati a dubitare delle nostre capacità e piuttosto preferiamo fidarci del criticismo, che noi chiamiamo esperienza. Le esperienze certo sono maestre di vita, non vanno ignorate a piè pari, ma focalizzarsi sul passato non ci fa vivere il momento presente. Lasciare andare i pensieri negativi, lasciare che defluiscano è difficile, perché sono mascherati da pensieri realisti. Ma nel momento in cui ci riusciamo, abbiamo accesso a un mondo completamente nuovo. Non abbiamo idea di quanto alto sia il prezzo da pagare del pensare negativo: non ce ne rendiamo conto ma ci roviniamo la vita con le nostre mani.

Il pensiero negativo fa parte della natura umana e ogni tanto si affaccia inevitabilmente dentro di noi. Alcuni pensieri possono essere particolarmente difficili da abbandonare perché ormai sono diventati un'abitudine. È come se si fossero annidati dentro di noi come una muffa parassita, fino al punto da arrivare a minare il nostro benessere psicologico.

Smettiamo allora di chiamarli **pensieri realistici**, diamo loro la definizione che meritano: **pensieri distruttivi**. Sono come il veleno. Ma come nasce un pensiero negativo?

I pensieri negativi non sono altro che una mera interpretazione della realtà. Quando facciamo un colloquio di lavoro e dopo una settimana nessuno si è ancora fatto vivo per darci un feedback, allora iniziamo a pensare negativo. *Non mi hanno preso, non mi prenderanno mai, è colpa mia, hanno pensato male di me*. Questi pensieri cattivi s'insidiano nella mente e, come farebbero le tarme con un tessuto, si nutrono della nostra serenità. La verità è che non conosciamo il motivo per cui non abbiamo ancora avuto una risposta: magari l'addetto alle risorse umane potrebbe essere malato, oppure ci sono altri colloqui ancora in corso. Noi decidiamo di interpretare gli eventi perché abbiamo abituato il nostro cervello a farlo, ma dobbiamo ricordarci che l'interpretazione soggettiva della realtà non corrisponde a una verità assoluta.

"Per allontanare i pensieri negativi occorre rimanere nel momento presente e visualizzare solo i fatti per come sono accaduti", raccomanda Tama Kieves. Abbandoniamo i pensieri negativi e proviamo a raccontarci "una storia migliore". Se ci sforzassimo di pensare positivo, qualche volta, potremmo condizionare il nostro umore e predisporlo al meglio influenzando di conseguenza anche le scelte future.

Sara Guerra, nota psicologa, propone di scrivere e annotare le paure che sentiamo o i pensieri negativi che ci assalgono; scrivere il pensiero ci aiuta a separarlo da noi: il pensiero non è una parte essenziale di noi, è appunto un pensiero! Tirandolo fuori lo smascheriamo.

Ingannare il pensiero negativo si può fare ed è anche semplice: *"basta spostare il focus su un altro pensiero che ci dà delle emozioni come serenità, felicità, calma, sollievo. Fare qualcosa che ci faccia sentire in una condizione positiva e di benessere è il modo più semplice e più efficace per allontanare la negatività. Il cervello è "programmato" per occuparsi di un pensiero alla volta. Se lo distraiamo con qualcosa di piacevole, come può essere l'attività del disegno, la scrittura, una passeggiata, la musica o qualsiasi altra cosa, lui smetterà di concentrarsi sul pensiero negativo e noi ci sentiremo subito meglio"*.

Per molte persone il pensiero negativo è un'abitudine **emotiva cognitiva**, diventa rassicurante, familiare. Per questo motivo è spesso difficile abbandonarlo come modus operandi quotidiano. *"I pensieri negativi sono come le muffe"*, ritiene la Dottoressa Guerra, *"occorre molto tempo e olio di gomito per eliminarle"*. Serve quindi un po' di sforzo, ma ne vale certamente la pena. Oltre il muro della negatività, che ci limita nelle nostre infinite possibilità e ci toglie la luce che abbiamo dentro, c'è un mondo fantastico che ci aspetta.

COME LA NEGATIVITÀ INFLUISCE SUL NOSTRO ORGANISMO

Tratto dal libro di Shigeo Haruyama "La Rivoluzione della Salute":

"Negli ultimi tempi il concetto di "pensiero positivo" si è diffuso ovunque. In genere lo s'intende così: «Se di ogni cosa penso che sia un bene per me, non accumulo stress». «Se reagisco a tutto in maniera costruttiva, otterrò buoni risultati». Questo concetto si è affermato anche in ambiente medico. Fra mente e corpo c'è un dialogo costante, quindi le cose che pensiamo non sono semplicemente concetti astratti. Si è infatti capito che i nostri pensieri si materializzano immancabilmente e agiscono a livello fisico.

Quando proviamo una reazione di rifiuto verso qualcosa, nel nostro organismo si producono delle sostanze che fra l'altro accelerano il processo d'invecchiamento e la formazione di cellule cancerose. Quando invece accettiamo con gratitudine le cose, il nostro organismo produce delle sostanze che ci mantengono giovani e sani. Nel frattempo, anche la medicina ha dimostrato l'esistenza di questo meccanismo all'interno del nostro corpo.

Di conseguenza, le persone abituate a vedere tutto positivo dispongono di una notevole resistenza alle malattie. Chi, invece, pensa sempre in modo negativo, tende purtroppo ad ammalarsi. Perfino a parità di condizioni e stile di vita gli uni sono sani come pesci e gli altri malaticci. Quest'affermazione può anche non avere valore illimitato, ma l'atteggiamento mentale è estremamente importante per la nostra salute.

Ma quali sono le sostanze che si formano nel nostro organismo a seconda del nostro atteggiamento interiore? Sono quelle a cui in genere si dà il nome di ormoni. I principali **ormoni** *legati al nostro modo di vedere le cose sono* *l'adrenalina, la noradrenalina, la beta-endorfina e l'encefalina.*

Quando ci arrabbiamo o siamo stressati, nel cervello viene secreta la noradrenalina, mentre quando proviamo paura, rilasciamo adrenalina. Gli ormoni fungono da messaggeri chimici, in quanto trasmettono gli ordini del cervello alle singole cellule. Se ci si arrabbia di continuo e si è fortemente stressati, può succedere che ci si ammali per via della tossicità della noradrenalina, che s'invecchi precocemente e si muoia presto".

Poche volte ci soffermiamo a riflettere su quanto e quale effetto possono avere i pensieri negativi sul nostro organismo.

Stress, angoscia, tensione, fretta e tanti altri pensieri negativi possono farci molto male non solo a livello emotivo, ma anche a livello fisico, riducendo e compromettendo notevolmente la nostra qualità di vita. È necessario avere ben chiaro che la connessione corpo-mente è molto più forte di quello che tutti noi crediamo. Emozioni e pensieri tristi o negativi possono essere determinanti al momento di stimolare la produzione di certe sostanze che possono influire sulla nostra salute fisica ed emotiva.

La *serotonina* e la *dopamina*, ad esempio, sono due sostanze che il nostro cervello libera quando siamo felici o euforici. Con le emozioni negative si verifica un fenomeno simile. Ma invece di fare bene al nostro organismo, possono causare dolore e innumerevoli disturbi che impediscono di sentirsi in forma.

Diversi esperti concordano nel pensare che tutti siamo in grado di definire gli aspetti positivi e negativi di ogni situazione, in quanto siamo noi stessi responsabili nell'attribuire una connotazione positiva o negativa ad ogni momento che affrontiamo giorno dopo giorno.

Il nostro stato emotivo può derivare da alcuni disturbi fisici che possono indicarci che stiamo attraversando un momento difficile in cui emozioni e pensieri negativi ci invadono la mente.

Avere un costante mal di collo, per esempio, potrebbe indicare che non siamo in grado di vedere da diverse prospettive, mentre una sensazione di dolore inspiegabile ai fianchi può significare che siamo invasi dalla paura. Probabilmente ciò che ci spaventa è il non sentirci nelle condizioni di prendere decisioni importanti. Il mal di schiena è collegato ai i problemi derivanti dalla sfera amorosa, all'incapacità di superare il passato e ad uno stress economico. Una sensazione di dolore alle ginocchia può indicare paura, orgoglio e mancanza di dominio sull'ego.

Quando attraversiamo un momento o una situazione che ci provoca ira, nel nostro corpo si verifica un effetto biochimico che fa aumentare i livelli di adrenalina con la conseguenza che rivivremo le sensazioni diverse volte.

Le sensazioni di tristezza influiscono molto sulle nostre energie e sulle motivazioni che ci necessitano per affrontare la vita ogni giorno. La tristezza può provocare un affaticamento, eccessiva stanchezza e una notevole riduzione di energia.

Per far fronte alle emozioni e ai pensieri negativi che ci possono invadere in qualsiasi momento della nostra vita, è molto importante imparare a vedere il lato positivo di ogni esperienza. Per quanto difficile ed insuperabile ci possa apparire!

COME "BYPASSARE" LA TRAPPOLA DEL PENSIERO NEGATIVO

Ogni giorno al nostro risveglio è importante "**programmare**" il corpo e la mente per adattarli ad affrontare la sfida che il nuovo giorno ci riserva e prepararli ad accogliere l'opportunità che abbiamo di stare bene e vivere un'altra giornata felice.

La nostra mente ha un potere impressionante e può svolgere tutti quei compiti che le indichiamo con grande sicurezza. Basandoci su questa considerazione, è importante infonderci elevate dosi di positivismo e cercare di vedere l'aspetto migliore delle cose. Anche se può sembrare un'esperienza difficile da superare, abituarci a questa consuetudine ci farà soltanto del bene.

Quando le emozioni e i pensieri tristi cercano di avere il controllo della nostra vita e il sopravvento sulla nostra salute, bisogna prendersi qualche minuto per riflettere e meditare se in realtà vale la pena convogliare e sprecare le nostre energie su tali pensieri.

Quello che molto probabilmente ci accadrà dopo questo esercizio sarà di provare a cambiare la nostra vita invece di lamentarci e lasciarci dominare da queste emozioni. Dobbiamo sempre mirare a cercare delle soluzioni, affinché questa negatività non comprometta la qualità del nostro tempo e delle nostre relazioni.

È scientificamente dimostrato che l'essere positivi, così come emozioni quali l'allegria, la felicità ed il sorriso liberano ormoni responsabili del rafforzamento del nostro sistema immunitario.

Allo stesso modo, è stato accertato che le emozioni negative possono agire in modo opposto. Vale a dire, causare un indebolimento delle difese del nostro organismo, rendendo il nostro corpo più propenso a contrarre diverse malattie.

La negatività non va demonizzata: si tratta invece di **elaborarla e affrontarla**. Ci sono alcune soluzioni ovvie, come eliminare le persone tossiche dalla nostra vita e concentrarci su attività che ci fanno sentire bene. Vediamo insieme alcuni passaggi utili ed efficaci per gestire al meglio i nostri pensieri negativi:

✓ Osserviamo il linguaggio del nostro corpo: siamo curvi, chini o con le spalle chiuse? Tendiamo a chiudere il nostro corpo al mondo? Un linguaggio del corpo improprio può abbassare l'autostima e portare a una mancanza di fiducia. In un simile stato emotivo, è naturale iniziare a provare pensieri negativi. **Apriamo la nostra postura e impariamo a sorridere di più**. Potrà sembrare strano, ma gli esperti hanno confermato che correggendo il linguaggio del corpo la mente si adatta di conseguenza. Sforziamoci allora di lavorare e correggere la postura, aprire le spalle e sorridere più spesso. Potrebbe essere proprio quello che ci serve per iniziare a cancellare i pensieri negativi.

✓ A volte un pensiero negativo si manifesta perché sono presenti problemi o emozioni che abbiamo necessità di comunicare, di esternare. Non è mai un bene tenerci tutto dentro: rischiamo di accumulare negatività e malcontento, fino a scoppiare nei modi peggiori possibili, a volte anche inopportuni Parliamo dei nostri pensieri negativi! Trasformare i pensieri in parole li plasma e li rende visibili, ci aiuta a mettere i problemi in una prospettiva tale che ci permette di affrontarli in modo più efficace. Spesso aiuta anche a ridimensionare e a renderci conto di quanto ingigantiamo i problemi nella nostra testa.

✓ Quando la mente galoppa senza controllo, può risultare difficile mantenere la calma. In questo turbinio di emozioni è molto più complicato tenere sotto controllo il flusso di pensieri, soprattutto quelli negativi. Cinque minuti di consapevolezza e concentrazione ogni giorno spesso sono sufficienti per cominciare a identificare i pensieri, catalogarli e, all'occorrenza, allontanarli per godersi qualche attimo di totale pace mentale.

La meditazione può essere di grande aiuto in questa situazione: 5 minuti al giorno sono sufficienti e possono risultare estremamente utili per liberare la nostra mente.

✓ Alcune volte il pensiero negativo è il risultato di una prospettiva sbagliata o di pregiudizi che ci trasciniamo da anni. Cambiamo il fulcro su cui ruotano i nostri pensieri e trasformiamolo da negativo a positivo! Ad esempio, invece di pensare: *"Sto attraversando un periodo difficile e ho problemi"*, potremmo pensare: *"Sto affrontando alcune sfide, ma sto lavorando per trovare soluzioni"*. Fondamentalmente stiamo dicendo la stessa cosa, ma nella seconda affermazione l'accezione è decisamente positiva.

✓ Quando arrivano pensieri negativi, è molto utile trovare uno sfogo creativo per veicolarli fuori dalla nostra testa. Proviamo a scrivere, disegnare o colorare, oppure trovarci un hobby manuale. Esplorare le emozioni attraverso la creatività o la manualità agisce come auto-terapia e migliora il tono dell'umore.

✓ I nostri pensieri sono un prodotto dell'ambiente in cui viviamo. Se ad esempio siamo circondati da persone negative, è probabile che anche noi inizieremo a pensare in modo negativo. Prendiamo le distanze da tutto ciò che ci trasmette negatività: televisione, media, quotidiani, ecc. Allontanarsi da questo ambiente può risultare di grande aiuto, anche se lo facciamo solo per fare una passeggiata, vuoi all'aperto in un parco o anche andare in un museo: si rivelerà estremamente terapeutico.

✓ A volte, presi dalla routine quotidiana, perdiamo di vista le cose belle che sono presenti nella nostra vita. Alleniamo la mente a tornare a concentrarsi su tutto il bene che accade intorno a noi, esercitando la gratitudine. Facciamo un elenco di tutte le cose belle che fanno parte della nostra vita, anche le più piccole, anche quelle che possono sembrare insignificanti, senza dare nulla per scontato. Molte volte le cose meravigliose della vita sono proprio davanti ai nostri occhi, solo che noi non riusciamo a vederle.

✓ È facile cadere nella trappola dei pensieri negativi quando ci si focalizza su ciò che le persone potrebbero dire o pensare di noi e delle azioni che facciamo. In questo modo annulliamo il nostro potere personale consegnandolo nelle mani degli altri. È curioso ma la verità è che quasi tutti non hanno tutto questo tempo, attenzione o energia per pensare o parlare di quello che facciamo noi. Questa consapevolezza ci può aiutare a rimuovere degli schemi dannosi, consentendoci di fare dei piccoli passi verso ciò che è veramente importante per noi.

✓ Mettiamo in discussione il pensiero negativo che si insinua nella nostra mente! Non diamogli credito a priori! Può trattarsi semplicemente di un episodio di stanchezza, oppure siamo oberati di lavoro, ed ecco che arriva la negatività ad offuscare la nostra mente. Non concentriamoci su un piccolo errore o su una giornata storta: focalizziamoci invece sull'atro 95% della nostra vita che tende ad essere positivo, altrimenti rischiamo di perderlo.

✓ Come abbiamo già detto, l'ambiente in cui viviamo influenza moltissimo i nostri pensieri. Individuiamo le 3 principali fonti di negatività nella nostra vita: potrebbero essere persone, siti web, televisione, riviste, social, e così via?
Chiediamoci cosa poter fare per limitare il tempo in cui ci esponiamo a queste fonti; facciamo dei piccoli passi e, magari concentriamoci anche su una sola di questa fonti e dedichiamo il tempo che abbiamo liberato a persone o attività più positive.

I pensieri negativi rappresentano qualcosa contro cui ognuno di noi deve lottare; non arrabbiamoci però ma accettiamo questi sentimenti e cerchiamo di superarli.

Ritroviamo la pace mentale, riappropriamoci del nostro potere personale e sfruttiamo tutti i benefici che l'ottimismo e il pensiero positivo possono portare nella nostra vita.

CAPITOLO 8: ORIGINE DEI CONFLITTI IN UNA RELAZIONE

INCIDENZA DELLA VITA PROFESSIONALE

Amore e lavoro rappresentano un'equazione spesso molto difficile da risolvere. È senza dubbio molto importante poter contare su una vita professionale soddisfacente e stimolante, ma a volte rivela risvolti che si rivelano nefasti per la coppia, che spesso rischia di essere sopraffatta dallo stress dovuto a problemi in ufficio, ritmi di lavoro troppo intensi, mancanza di tempo a dedicare a sé stessi e alla coppia. Tutti fattori che possono nuocere gravemente alla relazione amorosa causando tensioni, litigi e alla lunga diventano causa di distanze eccessive, che, se non sanate in tempo, possono condurre anche alla rottura della relazione amorosa. *"Il lavoro ha un grande potere di interferire con la vita di coppia"*, sottolinea Erica Volpi, psicologa e psicoterapeuta della coppia. *"Le dinamiche sono varie e in molti casi vengono amplificate anche dalla crisi che stiamo vivendo. Si spazia infatti dalle tensioni causate dalla difficoltà ad arrivare a fine mese a quelle del manager che, ricoprendo un ruolo di grande responsabilità, soffre il problema della mancanza di tempo da dedicare alla famiglia. Un altro caso è quando uno dei due partner ottiene un'offerta di lavoro imperdibile ed è costretto a trasferirsi per seguire le proprie ambizioni professionali".*

L'Istituto Opinion Way ha condotto un'indagine per dare una prospettiva del fenomeno: il 29% degli intervistati ritiene che il lavoro incida sulla propria vita sentimentale. Tra questi, il 22% afferma che le questioni d'ufficio sono un argomento abbastanza comune all'interno della coppia, mentre nel 7% dei casi il tema lavoro ha inciso in maniera così negativa sulla vita privata da aver condotto a una separazione. Più della metà degli intervistati (56%) ritiene invece di riuscire a separare vita professionale e vita di coppia. E il 15% sarebbe disposto a cambiare lavoro pur di salvare il matrimonio. I manager sono i più colpiti: il 34% non riesce infatti a mantenere un equilibrio tra i due aspetti. Mentre le donne sono più brave degli uomini nel non portare a casa le proprie preoccupazioni legate all'ufficio (76% versus 66%).

Ci si accusa insomma di lavorare troppo e di dedicare troppo poco tempo alla relazione di coppia. Visto che non esiste una soluzione miracolosa, è comunque possibile seguire alcuni accorgimenti per non essere sopraffatti dai problemi di lavoro e riuscire così a mantenere la coppia in salute.

✓ **Comunicare, comunicare, comunicare!**
Spesso il consiglio è quello di tenere le problematiche del lavoro fuori dalle mura di casa, anche se, non condividere le problematiche che si vivono sul lavoro, può avere un impatto negativo, perché allontaniamo il nostro partner da una parte della nostra vita, dando luogo a fraintendimenti e silenzi. Se il nostro partner

ci sembra preoccupato o stressato e non comunica, non bisogna avere timore di chiedere: aiutiamolo ad aprirsi e non tenersi tutto dentro.

Anche nel caso in cui non ci siano particolari problemi, si può comunque prendere l'abitudine di dedicare dieci minuti di tempo ogni giorno ai racconti delle rispettive giornate lavorative in ottica di condivisione.

✓ **Impariamo ad ascoltare senza minimizzare**

Uomini e donne hanno spesso approcci diversi rispetto ai problemi di lavoro. Le donne hanno spesso la tendenza e la pretesa di voler risolvere i problemi: un ascolto attivo senza cercare necessariamente delle soluzioni è sempre la strada da privilegiare. Per molti, infatti, l'aspetto più importante è essere ascoltati e poter parlare liberamente. Gli uomini invece tendono spesso a minimizzare i problemi sul lavoro delle proprie partner. Anche in questo caso è quindi necessaria una maggior capacità di ascolto e di comprensione.

✓ **Impariamo a staccare la spina**

Un'altra strategia che può aiutare a liberare la mente è prendersi un piccolo spazio tutto per noi prima di rientrare in casa o prima di vedere il partner. Ascoltiamo della musica durante il tragitto di ritorno, oppure scendiamo due fermate prima dall'autobus e concediamoci una passeggiata prima di fare rientro a casa. Se il nostro ruolo lavorativo è stancante, evitiamo di non rovesciare le nostre tensioni e problematiche sul partner o sulla famiglia.

- ✓ **Mettiamo dei limiti alla nostra giornata lavorativa**

  Complici i ritmi di lavoro che ci vengono richiesti e che diventano sempre più impegnativi e stressanti, può accadere di essere spinti a prolungare la propria giornata alla scrivania ben oltre il normale orario. Un problema molto frequente, ad esempio, per i manager; occorre però non lasciarsi trascinare da frequenti richieste all'ultimo minuto, anche perché questi comportamenti possono tramutarsi nella regola. Una volta rientrati in famiglia, è opportuno dedicarsi ad attività alternative con il partner che scaccino la tentazione di dedicarsi al lavoro anche fuori dall'ufficio.

- ✓ **Non sprechiamo il nostro tempo**

  Considerato che il tempo è prezioso, stiamo attenti a non sprecarlo sul posto di lavoro. Ad esempio, trascorrendo 20 minuti sui social network o prolungando troppo le pause pranzo o quelle dedicate al caffè perché questo allungherà inevitabilmente la giornata lavorativa sottraendo tempo alla coppia e alla vita privata in genere.

LE ASPETTATIVE IN AMORE: NUTRIMENTO O VELENO?

Avete mai pensato a quanti amori finiscono in una sola vita? A quanto cambiano le nostre relazioni con gli altri per pure incomprensioni, rancori o semplicemente perché non riusciamo a trovare un buon motivo per riuscire a perdonare gli errori commessi o i torti subiti?

È curioso osservare quanta energia si dedica a parlare di un amore che finisce rispetto ad un amore che dura. Sarà sicuramente capitato anche a voi di condividere l'inizio e la fine di una storia di un caro amico e avrete notato quanto si parla più della fine rispetto a quanto si è parlato dell'inizio, o del mentre. È come se l'uomo fosse geneticamente portato ad aderire maggiormente alla sofferenza, al dolore piuttosto che al piacere, all'amore e alla gioia. Si tende a rimarcare di più il negativo rispetto al positivo che abbiamo intorno. Siamo più attenti a quello che ci manca rispetto a tutto quello che abbiamo. Ci riempiamo di **aspettative** di cose che ancora non abbiamo raggiunto rispetto a godere di tutto quello che abbiamo già.

In generale si potrebbe affermare che l'essere umano si abitua facilmente all'avere l'amore, finendo anche per darlo per scontato. Dovrebbe invece riuscire a trattenerlo vicino a sé il più possibile, ad alimentarlo fino a farlo crescere sempre più forte. Ed è proprio questa la ragione per cui le relazioni si rovinano e finiscono: perché le persone dopo un po' di tempo danno per scontato di amarsi. Ma l'amore non è scontato! Qualsiasi forma di vita, dalla singola cellula, alla pianta, agli animali deve **nutrirsi** per continuare a vivere.

Riserviamo un'attenzione a volte quasi maniacale alle piante di casa nostra o ai nostri adorati pets, però non facciamo la stessa cosa per l'AMORE! L'AMORE, inteso come sentimento profondo tra due persone che scelgono di stare insieme, è scandito da dinamiche e regole ben diverse dall'amore incondizionato verso le piante e gli animali. L'amore finisce perché siamo bravissimi a pretendere, ma spesso non siamo capaci di amarci senza avere delle pretese.

Una delle cause principali della rottura delle relazioni amorose è proprio la continua aspettativa di ricevere amore. Se solo imparassimo a gioire nel DONARE anziché ricercare continuamente la gioia nel RICEVERE tutto questo amore non finirebbe.

Il rispetto, la stima, la fiducia nell'altro sono sicuramente elementi indispensabili per costruire e far sì che un amore duri a lungo nel tempo. Ma purtroppo noi tutti siamo abituati a sceglierci per gratificarci. Amiamo perché siamo amati. Rispettiamo perché riceviamo rispetto, gratifichiamo l'altro se questi ci gratifica.

Analizziamo brevemente il termine ASPETTATIVA.

In qualsiasi ambito della vita, aspettarsi qualcosa implica la costruzione involontaria di una serie di immagini interiori che anticipano ciò che noi auspichiamo. Tali visualizzazioni tendono a creare delle aspettative anche da un punto di vista di gratificazione emotiva. Se ci aspettiamo per il nostro compleanno un bel regalo dal nostro partner ad esempio, e ciò non arriva, la frustrazione sarà direttamente proporzionata a quanto avremmo gioito nel riceverlo. Quindi se il bisogno e l'aspettativa sono alti, anche la frustrazione lo sarà di conseguenza.

Le idee e le immagini tendono a produrre gli atteggiamenti e gli stati emotivi ad essi associati.

Se ci creiamo un'aspettativa per qualcosa che vorremmo accadesse veramente, attiviamo dentro di noi anche tutte le emozioni ed i comportamenti ad essa correlati. Nel momento in cui questa aspettativa viene disattesa, la sofferenza diventerà enorme, portandosi dietro frustrazione, rabbia, rancore e chiusura. Queste sono le reazioni che solitamente ci troviamo di fronte ad una aspettativa mancata. Ridimensioniamo quindi il rischio frustrazione creandoci meno aspettative; non aspettiamoci nulla e rimarremo stupiti nel vedere quante cose ci arrivano!

Doniamo senza aspettative e la gioia di donare ridimensionerà il rischio di creare aspettative nocive all'interno della relazione.

INFEDELTÀ E COMPORTAMENTI NON APPROPRIATI

"Si può essere infedeli, ma mai sleali"

Gabriel Garcia Marquez

L'infedeltà è un concetto centrale da secoli. Ci sono persone che ritengono che i concetti di "infedeltà" e "slealtà" siano diversi, altre che credono che l'infedeltà non esista nemmeno. L'infedeltà nasce quando si viola la fiducia nella coppia. Durante l'infedeltà, si mente consapevolmente, sapendo che il comportamento adottato non è stato corretto.

Alcuni scindono l'infedeltà dalla slealtà; la differenza non è molto chiara, ma semplice da capire. L'infedeltà implica stare con un'altra persona oltre al proprio partner, ma questo si può concordare con il compagno attraverso il dialogo. Non si tratta di bugie, perché entrambe le persone sono al corrente di quanto sta accadendo e rispettano la decisione.

E la slealtà allora? Essa implica un atto di infedeltà da parte del partner senza che la persona tradita ne sia al corrente. La maggior parte degli infedeli finge di avere delle relazioni monogame, mentre il loro corpo richiede di relazionarsi con più persone. Nonostante ciò, invece di essere chiari e sinceri con il partner, nascondono l'evidenza.

I concetti di infedeltà o l'idea di cosa significhi essere infedele cambiano di persona in persona e si traducono in:

- ✓ Mantenere relazioni sessuali con un'altra persona;
- ✓ Scambiare baci ed effusioni;
- ✓ Flirtare con un altro;
- ✓ Scambiarsi dei messaggi un po' provocanti.

Molte persone che decidono di essere infedeli non comunicano questa necessità al proprio partner. Le ragioni possono essere molteplici: dal desiderio nei confronti di qualcun altro, alla monotonia della relazione, all'assenza di passione nel proprio rapporto, fino alla ricerca di nuove sensazioni, ecc.

La definizione più comune di infedeltà è: *"tipo di attività sessuale con una persona diversa dal partner abituale"*. "La maggior parte dice che è il sesso con qualcuno che non sia il tuo coniuge/partner", dice il giornalista Michael Castleman in " Psicologia oggi ". Questa rigida definizione, spiega Castleman, non tiene conto di altre forme di contatto intimo che alcuni potrebbero anche considerare un tradimento, come baci appassionati e atti sessuali che non implicano necessariamente rapporti sessuali.

"C'è una netta linea di demarcazione tra ciò che è appropriato e ciò che non le è, e qualsiasi persona ragionevolmente intelligente sa quando ha superato questo confine", afferma il consulente matrimoniale e relazionale David Wheeler.

Mantenere delle connessioni emotive segrete con altre persone è una forma di inganno, anche se non esiste alcun contatto sessuale. Lo psicologo Shirley Glass ha esplorato questo tema nel suo libro del 2003, "*Non solo amici*". "*La nuova infedeltà*", dice, "*le persone formano involontariamente connessioni profonde e appassionate prima di rendersi conto di avere attraversato la linea dell'amicizia platonica*". Le avventure non devono necessariamente essere sessuali per essere distruttive.

"Infidelity online": l'aumento della popolarità e della diffusione di Internet ha portato a un'altra forma di potenziale tradimento: l'infedeltà online. *"Un'avventura informatica può essere una relazione specifica continua per un utente online, o una serie di incontri casuali in una chat*

room con diversi utenti online ", spiegano Angelina Mao e Ahalya Raguram, del National Institute of Mental Health e Neuro Sciences di Bangalore, India. Anche se le persone coinvolte nelle avventure informatiche non potranno mai incontrarsi di persona o avere alcun contatto fisico reale, il cybersesso attraverso le webcam e la messaggistica istantanea possono causare problemi reali per alcune coppie.

Nell'ambito della relazione le opinioni variano considerevolmente in base all'adulterio e all'inganno. Spetta sempre e solo alla coppia definire i propri limiti. "*Alcune coppie non si preoccupano di flirtare, ma per altri, simili comportamenti potrebbero significare la fine della relazione*", afferma la psicologa Keating. Una coppia conosce i valori che hanno stabilito all'interno della loro particolare relazione e sa quando stanno attraversando la linea, e questo è senz'altro un punto importante.

Parliamo apertamente e onestamente con il nostro partner, e non abbiamo paura di chiedere un aiuto professionale quando necessario. Un terapeuta matrimoniale e familiare può aiutare le coppie a lavorare sulle loro differenze, a riprendersi dal tradimento e a formare legami più forti e più sani per prendersi del tempo per godersi la vita con la propria famiglia. Coltiviamo i nostri hobby e impariamo sempre cose nuove. Più riempiamo la nostra vita di interessi e meno vogliamo trovare qualcosa di intrigante.

I CONFLITTI CHE PORTANO ALL'ANSIA

Abbiamo ampiamente visto come l'ansia rappresenti un problema universale che può avere gravi ripercussioni in diversi ambiti della nostra vita, compresa la vita di coppia su cui influisce negativamente condizionandone l'andamento.

Abbiamo visto anche come l'ansia possa nuocere al normale svolgimento delle nostre azioni quotidiane, inducendo ansia sociale, attacchi di panico o ansia generalizzata.

Ma per comprendere meglio cosa accade nella coppia, ora parleremo di come l'ansia possa pregiudicare il regolare funzionamento della relazione fra i partner.

Spesso riteniamo che i problemi derivino dall'impoverimento della comunicazione, per cui alcuni rapporti si deteriorano e poi si interrompono. Certo questo è un aspetto, ma principalmente dobbiamo tenere presente il pensiero che subentra in questo meccanismo disfunzionale, ovvero come il modo in cui pensiamo al nostro partner distrugge la sicurezza nella coppia e la stima nei suoi confronti.

Questo è il punto di partenza perché origina una distorsione comunicativa che può giungere sino a compromettere anche l'intimità.

La nostra condizione di ansia ci riempie la mente di pensieri **tossici.** È fondamentale diventare consapevoli di questo meccanismo di pensiero distruttivo, se vogliamo che la nostra relazione abbia una vita lunga. I problemi nascono nel momento in cui l'ansia prende il sopravvento su di noi e sulla nostra modalità di pensiero. Tutta la nostra vita è determinata da un flusso di equilibri, una sorta di intesa, di accordo con noi stessi, dove valutiamo le situazioni e scegliamo di avere determinate reazioni. A volte, però questa sorta di accordo con noi stessi viene meno… Così diveniamo preda dell'ansia e proiettiamo il nostro malessere nella coppia.

Seppur l'ansia sia una risorsa importante, una energia vitale che la natura ci ha fornito per stare di fronte agli eventi della vita, in questi casi si trasforma in un problema!

Rimane sempre energia, ma dannosa.

Andiamo ora ad analizzare **3 pensieri tossici** che possono compromettere la nostra vita di coppia:

1. La trappola delle *"Doverizzazioni"*
   Il pensiero prevalente è di tipo assolutistico; siamo convinti che il nostro partner debba venire incontro alle nostre necessità, semplicemente perché riteniamo che debba conoscerle. Punto! *"Le cose devono assolutamente andare così"*. *"Deve assolutamente comportarsi in un certo modo"* …
2. *Pensieri Catastrofizzanti*
   Abbiamo la tendenza a ingigantire i comportamenti negativi del nostro partner, che definiamo *"Terribili, Orrendi"*; senza considerare che, oggettivamente, sarebbero solo spiacevoli o al massimo fastidiosi.

3. *Il Meccanismo della Colpa*

   Riteniamo che tutti i nostri mali siano da imputare a responsabilità del nostro partner che biasimiamo e colpevolizziamo per qualsiasi cosa succeda all'interno della coppia.

Alla base di questi pensieri tossici, c'è una forte ansia personale, che inevitabilmente si ripercuote all'interno della vita di coppia. L'ansia, tra l'altro, può essere responsabile di reazioni emotive forti, come manifestazioni di aggressività sia verbale o fisica.

La forte tensione determina insoddisfazione personale e può essere la fonte scatenante di una conflittualità nella coppia, che perdurerà poi nel tempo. Molte problematiche di coppia sono legate all'ansia che porta a insoddisfazione e noia, finendo così per avere il sopravvento sui sentimenti che invece dovrebbero mantenere un legame armonico tra i partner.

Quello che ne emerge è un sentimento di solitudine, il non sentirsi considerati, trascurati all'interno del rapporto di coppia. Facendo un bilancio, questi aspetti hanno un peso fondamentale nell'equilibrio della coppia.

L'ansia che proviamo ci spinge a rifuggire, a evitare di mettere in discussione i nostri atteggiamenti che possono certamente essere una parte del problema. Certo, è più facile scaricare la colpa del *"nostro stare male"* sull'altro!

Qual è il nostro vero bisogno? Che cosa ci manca?

Se individuiamo dentro di noi le risposte a queste domande, possiamo certamente portare grande beneficio sia a noi stessi che contemporaneamente al nostro rapporto di coppia.

Iniziamo a districare la matassa di quel circolo vizioso che si è creato, partendo da noi stessi e cercando di risolvere il malessere che ci tormenta e ci rovina la vita.

CHIUSURA E INTROVERSIONE

> *"Contrastare l'introversione porta solo ad un'enorme perdita di energia, talento e felicità"*
>
> Susan Cain

Il cervello delle persone introverse ha un diverso funzionamento. Questa è la ragione per cui le loro relazioni affettive sono di solito più delicate: sono fatte di meno parole, ma contengono dei *"ti amo"* molto più sinceri e profondi. Sono soggetti che hanno l'innata capacità di creare una connessione molto più intensa, quasi magica, con la persona amata.

È grazie alla grande quantità e varietà di studi e libri pubblicati sull'argomento, che oggi siamo certamente in grado di comprendere meglio le persone introverse. Conosciamo molti aspetti importanti dell'introversione, per esempio in cosa differisce rispetto alla timidezza. Gli introversi sono persone selettive, osservatrici, sensibili e persino bravi leader in un ambiente di lavoro.

Se parliamo dell'amore, invece, capita spesso che le persone introverse si trovino a fronteggiare alcune difficoltà. Durante l'adolescenza o la gioventù, la loro indole li porta a pensare e convincersi di non poter reggere il confronto con la brillantezza e l'allegria contagiosa delle persone estroverse. Si rifugiano negli angoli silenziosi e nelle ultime file della classe, da cui osservano il mondo con calma e discrezione, sentendosi così più al "sicuro".

Ma anche se il cambiamento avviene in maniera molto graduale, anche l'introverso si "sveglia" e si rende conto di tutte le sue qualità.

Il grande ostacolo nasce quando il bisogno di solitudine si trasforma in un problema. Dicono che la semplificazione consista nel lasciare da parte le cose ovvie e tenersi strette quelle significative. Questa visione della vita è senz'altro caratteristica degli introversi, in quanto non amano gli artifici, parlare tanto per parlare, attirare l'attenzione o investire tempo ed energie in aspetti che nulla hanno a che fare con la loro vera essenza, la loro anima e la loro personalità.

Forse proprio per questo motivo, per loro è tutt'altro che facile approcciarsi agli altri con strategie come un semplice flirt, andare ad una festa per socializzare, oppure approcciare un discorso con la persona a cui sono interessate quando sono in un gruppo più ampio. I neurologi spiegano chiaramente che gli introversi soffrono di una maggiore *stanchezza neuronale* che li assale quando devono comunicare o socializzare. Per questo motivo hanno bisogno di momenti di solitudine più lunghi per ricaricare le batterie.

Anche Carl Gustav Jung si è approcciato al tema dell'introversione. Secondo questo filosofo e psicanalista, le persone introverse concentrano tutta la loro attenzione sui processi soggettivi e psicologici. Questa è la ragione per cui tendono ad allontanarsi dal rumore della quotidianità per respirare l'ossigeno della solitudine di cui hanno estremo bisogno.

> *"Spesso dimentichiamo che nessuno è più attivo di quando non fa nulla, e nessuno è meno solo di quando è con se stesso."*
>
> *Catone*

Secondo le tendenze attuali si vanno a sfatare dei falsi miti, ovvero che introversione ed estroversione non siano categorie chiuse. Sono semplicemente i due estremi di un continuum, e ogni persona può presentare diversi gradi di una o dell'altra.

Gli introversi sono persone che **hanno raggiunto la loro libertà.** Viviamo in una società iperattiva che ci obbliga ad essere sempre vigili ed attenti a ciò che accade intorno a noi. La valanga di informazioni da cui siamo sommersi ogni giorno, ha obbligato l'introverso a trovare rifugio in sé stesso. Questo gli permette di essere più creativo, sensibile, originale e analitico, oltre a saper gestire meglio le sue emozioni.

Queste persone sanno perfettamente in quali contesti muoversi e come creare legami con gli altri. Sanno sedurre grazie alle brevi distanze, alle conversazioni "vis à vis", agli istanti di semplice e magica complicità.

Un altro mito da sfatare è quello secondo cui gli introversi starebbero bene in coppia solo con chi ha una personalità simile alla loro: niente affatto, introversi ed estroversi possono avere splendide relazioni, che li aiutano ad arricchirsi vicendevolmente.

- ✓ Le persone introverse amano condividere momenti in solitudine con il loro partner. Concentrano tutta la loro attenzione ed energia in quella persona e sono molto bravi a costruire solide fondamenta per una relazione profonda e stabile.
- ✓ Le persone introverse sanno dare spazio alla persona che amano, e questo è un aspetto molto importante. Lo fanno perché loro stesse hanno bisogno di momenti di solitudine per riflettere su ciò che hanno intorno e godere del tempo che si ritagliano per sé.
- ✓ Non si deve mai obbligare una persona introversa ad essere o fare qualcosa che non la rispecchi. Sono persone che fanno molta fatica a cambiare le loro abitudini, ad andare contro i loro valori o la loro essenza.
- ✓ Stare in silenzio non significa che c'è necessariamente qualcosa che non va. Questo è un malinteso molto

frequente. Avere un partner introverso significa anche condividere molti momenti di silenzio. E questo non significa che si stia annoiando, che non sappia che cosa dire o che non si sent a suo agio.

Se c'è una cosa che le persone introverse apprezzano veramente, è proprio condividere quegli istanti di silenzio. Poter essere sé stesse senza pressione, godere di quella semplicità autentica, legare il proprio mondo interiore con quello della persona amata, grazie alla più pura delle complicità: è un'emozione impagabile!

CAPITOLO 9: LA STABILITÀ IN UNA COPPIA

RISPETTO E ATTENZIONE AI BISOGNI RECIPROCI

Il rispetto non è un valore che deve essere dato per scontato in nessun rapporto. Lo si conquista ogni giorno, lo si ottiene con gentilezza, con reciprocità e con quella volontà autentica di chi capisce che amare è, soprattutto, saper costruire. È curioso notare che, quando si parla di questa dimensione, tutti sono in grado di definirla, tutti conoscono quali sono i suoi principi e, tuttavia, solo pochi li applicano in modo corretto nella vita di tutti i giorni.

Tutti vogliamo e amiamo riceverlo, ma ci dimentichiamo spesso di offrirlo prima di tutto a chi abbiamo davanti. È come se, in qualche modo, dessimo la priorità al *"rispettami e allora ti rispetterò"*.

Quando parliamo di rispetto applicato ai rapporti di coppia, l'argomento diventa più delicato e ancora più complesso. Il problema è che, spesso, lo diamo per scontato. *"Chi ti ama ti rispetta"*, pensano in molti; tuttavia, si verifica frequentemente un comportamento contrario nel quale si concentrano gran parte dei problemi nelle dinamiche affettive.

Rispetto in una coppia non significa soltanto non ferire l'altro; qui ci troviamo dinanzi ad un tessuto psicologico ed emozionale dove l'obiettivo prioritario va un po' oltre. Cerchiamo il rispetto che ci protegga, che ci permetta di crescere e che, a sua volta, crei una complicità reciproca.

Le persone condividono sui social frasi piene di buonismo, di convivenza ed armonia e poi, nella vita reale e nella loro quotidianità, non sono coerenti con questi sentimenti.

La bontà, come il rispetto, non servono a nulla se non vengono dimostrati né praticati con una chiara intenzionalità. Nella coppia avviene lo stesso: il solo amore non è un ingrediente sufficiente perché il rapporto prosegua il suo cammino.

Praticare un rispetto quotidiano con il quale andare incontro all'altro, mostrare interesse, ascolto attivo, reciprocità ed essere capaci di anticipare i bisogni reali del nostro partner. Ecco cosa dà forma a questo rispetto che ci alimenta, che ci fa stare bene, che fa sì che la relazione di coppia sia soddisfacente per entrambi. Quando si parla della coppia, uno degli aspetti più importanti e purtroppo più trascurati, sono proprio i bisogni di entrambi i partner.

Affinché un rapporto di coppia funzioni e sia soddisfacente, è necessario avere rispetto sia per i propri bisogni, che per quelli dell'altro. Se ciò non avviene possono intervenire malumori, frequenti litigi, fino ad arrivare ad una vera e propria chiusura da parte di entrambi.

Il rispetto per se stessi e per gli altri è il fulcro di ogni relazione e se questo viene a mancare iniziano a vacillare le basi che sostengono la coppia. Il rapporto si tramuterà allora da una modalità collaborativa ad un'altra agonistica, dove troveranno spazio solo la critica, la colpevolizzazione e l'attacco che finiranno per arroccare entrambi i partner solo sulle loro singole posizioni.

Tra i vari errori che possiamo commettere c'è quello di **non esternare i nostri bisogni**, o lasciare che l'altro, non conoscendoli, anche se involontariamente, non li rispetti. Molte persone temono di farlo, o pensano che tanto non abbia una sua utilità.

Un secondo possibile errore è quello di non riconoscere e comprendere di cosa abbia necessità il nostro partner. In questo modo a volte, anche senza rendercene conto, finiamo per calpestarlo, per fargli del male, e questo non permetterà di certo alla coppia di funzionare in maniera adeguata.

Un terzo errore che spesso si commette è quello di ignorare che l'altro è **diverso da noi**, e che ha dei suoi personali bisogni che non sempre corrispondono ai nostri. In questo modo finiamo col dargli ciò di cui avremmo bisogno noi, e questo non fa che creare insoddisfazione e risentimenti.

Uomini e donne sono diversi e come tali hanno necessità dissimili di cui non si può non tenere conto. Una donna ha bisogno che il proprio partner esprima interesse per i suoi sentimenti e per il suo benessere, vuole essere compresa, rassicurata e ascoltata. Vuole essere speciale e sentirsi parte integrante nella vita dell'altro. Quando realizza che queste sue necessità vengono soddisfatte, si sente serena e riesce a dare il meglio al suo partner, diventando al tempo stesso anche più attenta e ricettiva alle sue necessità.

Un uomo invece ha bisogno di fiducia, di sentirsi accettato per quello che è, apprezzato, ammirato e approvato per le sue qualità e per quello che fa: ha bisogno di essere incoraggiato. Un uomo dà il meglio di sé alla propria compagna quando questi suoi bisogni primari vengono soddisfatti.

Dobbiamo sempre ricordarci del fatto che l'altro è diverso da noi, e che rispettare sé stessi e il nostro partner è sempre un presupposto imprescindibile. Cercare di trovare il giusto equilibrio, saper leggere i propri bisogni, ma anche sapersi mettere un po' nei panni dell'altro e capire anche il suo punto di vista e le sue necessità: ecco quello in cui ci dobbiamo cimentare.

Questa è la chiave del **giusto equilibrio** per avere una relazione gratificante.

CREARE FIDUCIA

"Se desideri una relazione sana, lunga e soprattutto felice, devi dare priorità alla costruzione e al mantenimento della fiducia reciproca. Senza di essa non ci può essere intimità emotiva ed empatia".

Theresa Herring

Perdere la fiducia nella persona che si ama è una cosa che fa estremamente male! Fidarsi è così importante nella coppia e fa parte della sfera intima di ognuno di noi e tradire la fiducia significa ferire l'altro.

Fidarsi della persona amata significa costruire un sentimento di sicurezza e tranquillità nella coppia, vuole dire affidarsi e confidare in qualcuno, senza avere dubbi e incertezze.

Sviluppare questa attitudine e consolidarla nella propria coppia è essenziale perché crea un forte collante tra le due parti. Abbiamo bisogno di fidarci del nostro amore proprio per sentirci sereni sapendo di avere accanto una persona su cui poter contare, qualcuno a cui appoggiarci per trovare un incoraggiamento o una soluzione quando le cose si fanno difficili.

Anche se godiamo di una posizione autonoma e indipendente, cerchiamo sempre un supporto nel nostro partner: è normale fa parte dello **stare in coppia**. Il punto è che fidarsi non è facile, soprattutto se abbiamo avuto esperienze negative in passato, perché abbiamo subito un tradimento o siamo stati vittime di slealtà.

La fiducia è un sentimento così delicato e fragile, che è anche molto facile perderla o mandarla in frantumi. Avere una bella relazione comporta un duro lavoro e creare fiducia è un impegno continuo che si deve affrontare da entrambe le parti.

"La fiducia si basa sul fatto di essere presenti ogni giorno nella relazione", afferma la terapeuta Theresa Herring. *"Per*

questo tanti piccoli sforzi coerenti valgono più dei grandi gesti".

Fiducia significa una presenza costante nella nostra relazione.

- ✓ **Non abbiamo paura di essere vulnerabili**. Mostrare la nostra fragilità non è semplice, ma se abbattiamo questo muro, piano piano, giorno dopo giorno, riusciremo a sentirci maggiormente a nostro agio.
- ✓ **Siamo coerenti**. Per creare fiducia serve un atteggiamento di coerenza tra le cose che diciamo e quelle che facciamo. Un esempio chiaro è mantenere le promesse, anche le più piccole
- ✓
- ✓ **Trascorriamo del tempo insieme.** La qualità del tempo che trascorriamo insieme al nostro partner è un segreto fondamentale per creare fiducia, perché ha un effetto positivo sul cervello. Toccarsi, ridere, abbracciarsi produce ossitocina, un ormone dagli effetti favolosi per il benessere e per la costruzione di un sentimento pieno di fiducia. Incontreremo sicuramente anche dei momenti difficili e non dobbiamo avere timore di condividere le nostre preoccupazioni con il nostro partner. Evitiamo di chiuderci a riccio e puntiamo sulla comunicazione: parlare stimola la **creazione di fiducia**.
- ✓ **Non giudichiamo.** Può anche se mossa dalle migliori intenzioni, ma la critica può essere recepita in maniera stressante. Sentirsi liberi di agire o parlare con il

proprio partner significa non avere timore di essere giudicati o peggio ancora denigrati.

✓ **Parliamo!** non ci stancheremo mai di ripetere quanto sia di fondamentale importanza comunicare con il partner. Se noi non lo comunichiamo, come può la persona che amiamo conoscere il nostro pensiero, cosa ci rende felici o al contrario tristi, cosa pensiamo, se non glielo diciamo? E vale per entrambi.

✓ **Siamo onesti!** Certo uno sbaglia ci può stare, però cercare di nascondere l'errore e non chiedere scusa, sicuramente non aiuta a costruire fiducia tra i partner. Ammettiamo di avere sbagliato, rialziamoci e andiamo avanti.

Come è stato ribadito, creare fiducia quindi è un aspetto fondamentale nella coppia che aiuta a stabilire una relazione serena e di soddisfazione.

MANTENERE SOLIDA UNA RELAZIONE NEL TEMPO

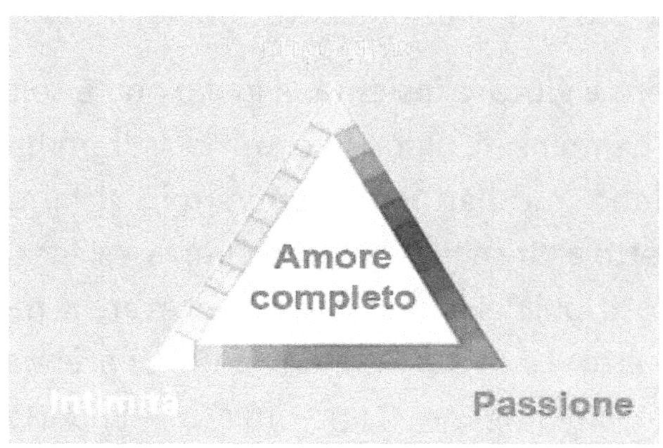

Amare non è facile, e far sì che un legame possa diventare longevo, immune da rischi di frane e tentazioni varie, non è proprio semplicissimo. Vivere un amore è un privilegio, una magia; averne cura per farlo sopravvivere e crescere è una necessità.

Per anni gli psicologi hanno effettuato studi e ricerche per cercare di capire quale fossero le dinamiche di coppia ed i fattori che ne determinassero il successo o il fallimento. La ricerca scientifica però si è troppo spesso incentrata sull'identificazione dei fattori di rischio come le false aspettative riposte nei confronti del partner, il ruolo giocato dalle emozioni negative inespresse, la cattiva comunicazione, i conflitti di potere. Indubbiamente le coppie che vivono molte interazioni negative hanno maggiori probabilità di giungere al capolinea già nei primi anni della loro relazione. Poche ricerche hanno però puntato sull'identificazione degli elementi funzionali.

Analizziamo alcuni punti importanti che consentono ad una coppia di avere una relazione duratura nel tempo:

- ✓ **Ridere e giocare insieme.** Il gioco non è solo una cosa da bambini. L'umorismo e la sdrammatizzazione portano due partner a sentirsi più vicini e complici, rispetto a due che si fanno la guerra e si incaponiscono su posizioni rigide al solo scopo di avere la meglio l'uno sull'altro. La capacità di entrambi di prendersi in giro giocosamente è un fulcro importante nel funzionamento di una coppia. Le coppie che ridono di più risultano avere un più alto coefficiente di soddisfazione. L'umorismo e le risate sembrano avere un effetto tampone nelle situazioni conflittuali e rende entrambi i partner più disponibili a cercare una soluzione mediata ai problemi. L'umorismo non ha però nulla a che fare con la presa in giro o, peggio, le offese, e non deve pertanto essere usato per sminuire alcune situazioni che per l'altro sono fonte di reale disagio: è necessario stabilire un confine oltre il quale esso risulta eccessivo ed offensivo.

✓ **Provare insieme cose nuove.** Una coppia funziona quando si dà la possibilità di mantenersi aperta a stimoli e nuove attività eccitanti. Le novità consentono di creare nuove memorie condivise e sentirsi parte di una squadra. Le emozioni provate durante lo svolgimento di nuove attività aiutano a rinnovare il rapporto attraverso la sperimentazione di emozioni piacevoli, riducono o prevengono la noia, aumentando così la complicità tra i partner.

✓ **Esternare la gratitudine.** È altrettanto importante notare e riconoscere quando l'altro fa cose belle per noi ed essergliene riconoscente. Quando una persona si sente gratificata, considerata e riconosciuta dal proprio partner, sperimenta un senso di appartenenza e di collegamento. Le coppie dove ciascun partner si sente riconosciuto sono meno propense alla rottura!

✓ **Celebrare i successi.** Celebrare insieme un successo, un momento cruciale della vita, che può essere un successo sportivo, una promozione nel lavoro o, semplicemente, una giornata felice, fa vivere alla coppia un rapporto decisamente più appagante, riducendo al tempo stesso l'inclinazione alla conflittualità.

LA CAPACITÀ DI CREARE UNA SESSUALITÀ LONGEVA

Quando ci dicono che in una coppia di vecchio corso non sia più presente il sesso, ci sembra abbastanza normale; ci appare come un problema di poco conto anzi, se vogliamo proprio essere sinceri, ci sorprendiamo quando in una coppia di lunga data, il sesso ci sia ancora. Se in una relazione che dura da tanti anni manca il sesso, per la maggioranza delle persone è un po' come dire che manca il tennis, la briscola o la passeggiata quotidiana. Appare, quindi, come un problema secondario.

È abbastanza comune credere che il desiderio sessuale in una coppia, con il passare degli anni, vada a calare se non a svanire del tutto. Ma la mancanza di sesso all'interno della relazione di coppia è un problema serio che potrebbe certamente portare alla rottura della relazione stessa.

Andiamo a vedere cosa ci dicono i numeri: esiste una statistica illuminante al riguardo che afferma come, nei Paesi OCSE, il 70% delle persone che hanno chiesto il divorzio, abbiano citato come prima o seconda causa della separazione, proprio la mancanza di sesso. Facendo una generalizzazione, si può affermare che fare sesso meno di 4 volte al mese sia un serio campanello di allarme.

Il sesso, in una relazione di coppia stabile, risulta essere molto importante al fine di tenere uniti e di avvicinare l'un l'altro i due partner. Non si tratta di una mera ricerca di piacere fisico, ma anche la maniera più diretta ed efficace per trasmettere all'altro quel senso di accettazione profonda che ogni persona ricerca. Attraverso il sesso vengono legittimati gli aspetti di ognuno apparentemente *"sporchi e vergognosi"*, le fantasie più trasgressive e i desideri insoliti ed indicibili.

Il sesso ha la capacità di ristabilire la fiducia tra i due partner e di porre fine a quel senso di solitudine che ognuno sperimenta nel corso della vita e della giornata.

Se la mancanza di sesso di per sé è negativa, diventa ancor più devastante la modalità in cui si manifesta un desiderio sessuale non corrisposto. Succede, infatti, che il partner che desidera fare sesso non lo chieda in maniera chiara ed esplicita, ma assume un comportamento timido ed incerto. Se poi si sente non considerato o, peggio, respinto, non protesta e non chiede al partner cosa stia succedendo. Tutto questo crea una sensazione di rifiuto, di vergogna per non sentirsi sessualmente desiderato.

Gli innumerevoli impegni quotidiani finiscono per relegare il sesso in un angolo, come se fosse l'ultima cosa di cui occuparsi. L'appuntamento serale o mattutino, l'attimo "rubato" durante la giornata, vengono minati da vari aspetti della vita di tutti i giorni: bambini che girano per casa, lunghi orari di lavoro, preoccupazioni, stanchezza e sonno rischiano di silenziare la nostra necessità di sesso e la coppia finisce per rinunciare piuttosto che sforzarsi a trovare un momento di qualità per amarsi.

L'intimità e la sessualità con il partner rimangono un punto fermo della relazione amorosa. Non possiamo permetterci di trasformare il nostro partner in un coinquilino, un caro amico o un fratello, perché prima o poi questa coppia ammalata di silenzio dei sensi dovrà fare i conti con la *morte dell'eros*.

È fondamentale che i partner si ritaglino del tempo di qualità da dedicare alla sessualità. Ci sono coppie che hanno un forte desiderio nella prima parte della loro unione, ma, poi con il tempo, complice la routine della quotidianità, smarriscono la strada del desiderio; altre coppie invece lo mantengono acceso nonostante gli anni di vita e la longevità (poche purtroppo!).

Il desiderio sessuale continua a rimanere il vero barometro della salute di una coppia.

Ecco alcuni ingredienti che possono aggiungere un pizzico di "sale" al desiderio:

- ✓ **L'aspettativa**. È indubbiamente un ingrediente chiave del desiderio. Immaginare i particolari della propria vita sessuale, gli odori, i profumi, aiuta a mantenerla viva. Aspettativa può anche significare che non vediamo l'ora che quella determinata cosa così desiderata accada. Proprio come succede agli amanti!

✓ **La fantasia erotica.** Spesso anticipatoria dell'incontro, è un fondamento su cui si costruisce la vita intima sotto le lenzuola. A volte le coppie lamentano apatia e grigiore nella loro vita sessuale, cercano qualcosa di coinvolgente e più intrigante, soprattutto a livello emozionale, piuttosto che corporeo. E qui entra in gioco la mancanza di erotismo, perché si origina un conflitto tra la quantità di vita sessuale e la qualità dei sensi e dell'immaginazione. Il semplice gesto *"ginnico"* visto quasi come obbligo coniugale, **uccide il desiderio e l'erotismo**, lasciando dietro di sé terreno fertile a problemi e infedeltà.

Mantenere sempre vivo il rapporto di coppia è quindi il vero antidoto alla noia e al calo del desiderio sessuale, che possono portare fino a tacitare completamente la sessualità.

Una costante attenzione al proprio mondo interno ed alle esigenze personali così come al mondo dell'altro, la voglia e la necessità di mantenere una vivace comunicazione emozionale, rappresentano la giusta strada nell'attenzione del corpo e dei piaceri ad esso legati.

CAPITOLO 10: LA STRADA VERSO LA RISOLUZIONE

RICOSTRUIRE FIDUCIA NELLA RELAZIONE

Come abbiamo già affrontato precedentemente, la fiducia è una delle componenti più importanti di tutti i rapporti, vuoi che siano di coppia, di amicizia oppure professionali. È possibile convincere qualcuno a fidarsi nuovamente di noi ed esistono dei metodi affinché le nostre scuse risultino più efficaci. Un comportamento coerente, il tempo e il giusto impegno, ci consentiranno di ricostruire una relazione forte; ma per farcela dovremo seguire un percorso molto lungo ed anche faticoso.

- ✓ **Porgere le proprie scuse** può essere molto difficile e ci può spaventare, quindi è normale sentirsi nervosi. Dedichiamo un po' di tempo alla pianificazione e prepariamoci per poter decidere in anticipo che cosa dire. Nell'elenco delle nostre scuse includiamo l'ammissione della nostra responsabilità e come pensiamo di farci perdonare. Chiediamo in modo specifico al nostro partner la sua disponibilità a volerci ascoltare.

- ✓ Per **riconquistare la fiducia** di qualcuno, è necessario esprimersi seriamente e con sincerità. Se abbiamo fatto un torto a questa persona, prima di tutto scusiamoci e poi facciamole capire come ci sentiamo. Proviamo a dire in maniera sentita: *"voglio che torniamo a fidarci l'uno dell'altra e, credimi, farò tutto il possibile perché questo accada"*.

✓ **Assumiamoci le nostre responsabilità**. Se stiamo porgendo delle scuse, significa che siamo consapevoli di aver fatto qualcosa di cui ci siamo pentiti. Per riconquistare la fiducia di una persona è necessario riconoscere e dimostrare di aver capito dove abbiamo sbagliato. Siamo totalmente onesti e trasparenti! Se sentiamo di voler ristabilire un legame di fiducia, l'altra persona deve sapere che siamo completamente aperti e sinceri in merito a quello che è successo.

✓ Una conversazione perché sia **costruttiva e attiva** richiede che ci siano almeno due partecipanti. Quando abbiamo espresso quello che volevamo dire, concediamo all'altra persona la possibilità di parlare, dimostriamole che la stiamo ascoltando.

✓ **Scriviamo una lettera**. La scelta migliore è quella di porgere le proprie scuse a voce ma purtroppo non è sempre possibile. Magari viviamo lontano dall'altra persona, oppure lei, in quel momento, non è disposta a parlare con noi perché si sente particolarmente ferita. Il nostro messaggio deve essere assolutamente personale e <u>rigorosamente scritto a mano</u>! Non abbandoniamoci a lunghe tiritere: chiediamo scusa, assumiamoci le nostre responsabilità ed esprimiamo chiaramente cosa vogliamo fare per riconquistare la sua fiducia.

Questo è un lungo lavoro che richiede estrema coerenza tra ciò che diciamo e ciò che facciamo se vogliamo tornare ad essere affidabili agli occhi del nostro partner!

Concediamo tempo e spazio alla persona che abbiamo ferito e rendiamoci conto che il nostro comportamento ha sicuramente scatenato delle forti emozioni in entrambi. Le ferite emotive hanno una cicatrizzazione lenta e hanno quindi bisogno di tempo per guarire! È normale che noi vogliamo porre rimedio alla situazione il prima possibile: cerchiamo però di non essere invadenti e concediamo all'altro il tempo di cui ha bisogno per metabolizzare quanto avvenuto.

Seguiamo la "regola delle 3 A": *affetto, attenzione e apprezzamento.* Proviamo, con sincerità, a manifestare questi sentimenti al nostro partner tutti i giorni. Cerchiamo di non essere troppo duri e categorici con noi stessi: stiamo facendo del nostro meglio perché la situazione migliori.

Siamo sinceri, sempre! Si tratta del modo più efficace per recuperare la fiducia di una persona.

COMBATTERE LA PAURA DI AMARE NELLA RELAZIONE

"Non ti sentirai mai amato finché non amerai te stesso"

Arnaud Desjardins

In amore non esistono certezze. Le statistiche ci dicono che un matrimonio su due finisce con il divorzio, non c'è quindi da stupirsi che la paura dell'amore sia un male sempre più comune e diffuso. Questa paura nasconde ansie profonde e può diventare davvero disabilitante. Questo è il motivo per cui è importante liberarsi da essa, anche se, per superare le tue paure, è necessario prima conoscerle bene.

Un ricordo doloroso può spesso essere la causa di una paura in amore. Non appena il sentimento d'amore attecchisce e inizia a svilupparsi, la paura di un'eventuale umiliazione, di una rottura o persino dell'infedeltà spinge a rifiutare e fuggire da questo impegno. L'accettazione della situazione, il tempo e l'apertura sono buoni modi per trovare la strada dell'amore e per superare questa ansia.

John Welwood nel suo saggio *"Amore perfetto, relazioni imperfette"*, riconduce la maggior parte dei problemi da affrontare nelle relazioni umane a quello che chiama il sentimento di non amore. Ovvero il sospetto profondamente radicato nell'essere umano di non poter essere amato o di non esserlo per ciò che siamo realmente. Questa insicurezza di base, genera dei conflitti interpersonali così come avviene nelle relazioni familiari.

È assolutamente necessario accettare che una storia sia finita prima di pensare a nuovi sentimenti per qualcun altro: perdoniamo noi stessi e perdoniamo l'ex partner, se vogliamo veramente ricominciare.

Una volta accettata e metabolizzata la situazione, prendiamoci del tempo per conoscerci, guardarci dentro e fare il punto dei nostri desideri più profondi. Facciamo ciò che amiamo, dedichiamoci alle cose che ci piacciono e ci fanno stare bene e, soprattutto, non buttiamoci nella prima avventura che capita. Riconoscere i propri sentimenti e le emozioni è estremamente importante. Impariamo ad accettare che qualsiasi relazione può essere a rischio, e concediamoci la libertà e la gioia di viverla.

La paura di amare può spesso essere accostata ed interpretata come paura dell'abbandono, paura di rimanere delusi, di essere ingannati. Ecco che questa paura ci blocca, ci impedisce di lasciar fluire le nostre emozioni.

Una delle cause più comuni della paura dell'amore può essere l'immagine che ci costruiamo durante la nostra infanzia. Dalla nostra prospettiva di bambini osserviamo i nostri genitori come si comportano, come comunicano e lì si forma la prima idea di cosa sia una coppia. Questo modello potrebbe non rispecchiare le nostre aspettative o, addirittura essere negativo: ed ecco spiegata la nostra apprensione nei confronti dell'amore.

Amare un'altra persona significa prima di tutto amare sé stessi; non amarci, non avere fiducia in noi stessi, ci fa entrare in un circolo vizioso con il conseguente disagio che ne deriva che è causa di molte rotture.

Le ragioni per fuggire da una relazione romantica sono le stesse sia per gli uomini che per le donne. Se pensiamo di doverci rapportare con un uomo che rifiuta il fidanzamento, allora non aspettiamolo! Per evitare la sofferenza è fondamentale acquisire fiducia in sé stessi e pensare a cosa ci si aspetta davvero da una relazione romantica in questo momento. Se quest'uomo non soddisfa le nostre aspettative, allora poniamo fine a questa relazione e soprattutto non adattiamoci all'altro e non adattiamoci alla dipendenza, perché questo, nel tempo, sicuramente ci farà soffrire.

Se abbiamo paura di amare, prendiamoci il tempo per riflettere sul nostro passato: infanzia e relazioni romantiche precedenti. Quali conclusioni possiamo trarne? Ricordiamoci sempre anche di lavorare sulla nostra autostima per vivere pienamente e serenamente le nostre relazioni.

COMBATTERE L'ANSIA NELLA RELAZIONE

Abbiamo ampliamente visto come l'ansia sia uno stato di allarme, la cui funzione originaria non è negativa. Ciò che la negativizza è la frequenza con cui si manifesta, quella sua capacità di generare malessere in chi la vive, fino a renderla un'emozione invalidante.

Quando si prova ansia durante una relazione è sempre molto complicato perché è la relazione stessa a risentirne. Perdere la fiducia nel futuro della relazione: subentrano incertezze sul futuro della coppia dovute a volte a molte discussioni, a rotture precedenti. Non importa quale possa essere l'effettiva causa, quando si perde la fiducia e si pensa che la relazione possa finire o non andare come si voleva, subentra questa incertezza che può causare molta ansia.

Abbiamo visto anche come una *perdita generale di fiducia* possa diventare un problema; può scaturire da infedeltà o, semplicemente, da problemi meno gravi come dimenticare di fare le normali commissioni. La fiducia è un elemento molto importante di un rapporto serio, e se questa viene a mancare, è molto difficile riguadagnarsela in maniera naturale.

Le discussioni eccessive, la negatività che nasce dalle costanti contrarietà, la presenza prolungata dello stress che può anche nascere da situazioni esterne alla coppia (lavoro, amici, situazione economica, famiglia di origine, ecc), sono tutti fattori che contribuiscono enormemente a rendere la nostra relazione complicata e difficile da gestire.

Esistono 2 domande che ci dobbiamo fare e a cui è necessario rispondere con assoluta sincerità:

1. *Questa relazione vale la pena di essere salvata?*
2. *Siamo disposti a cambiare noi stessi se il partner non cambia?*

La prima risposta viene da sola, ovvero non tutte le relazioni possono o devono essere salvate. Se il nostro obiettivo ideale è quello di stare con una persona che ci fa sentire bene ed essere felici, forse la persona con cui viviamo un rapporto d'ansia abbastanza prolungato potrebbe non essere la persona giusta per noi.

La risposta alla seconda domanda invece si basa su una verità assoluta e imprescindibile: **possiamo cambiare soltanto noi stessi!** Possiamo cercare di sensibilizzare il nostro partner, ma il decidere di voler cambiare spetterà soltanto a lui/lei.

Superare l'ansia nella coppia comporta un'approfondita riflessione sulle cause e su cosa si può modificare. E' opportuno avere una mente lucida e tranquilla prima di cominciare ad affrontare gli argomenti. Prima di tutto è importante diminuire la pressione di stress e ansia in generale. I modi in cui verranno affrontati i problemi saranno sicuramente un tassello fondamentale per la riuscita o meno della diminuzione dell'ansia nelle relazioni.

Una delle strategie più consigliate è sicuramente l'attività fisica. E' facile da integrare nella vita di ognuno di noi e inoltre l'esercizio fisico è potente tanto quanto la maggior parte dei farmaci per combattere l'ansia.

Ricominciare da capo: parlare con il partner e valutare di ricominciare la relazione ex novo. La fiducia è fondamentale e per ricostruirla bisogna ripartire dalle fondamenta.

Cerchiamo di confrontarci con il partner sulle esigenze reciproche. Scrivete una lista di cose che sono importanti e cercate di farle, sempre che non vada contro le reciproche morali. Cercare di essere il miglior partner possibile è sicuramente un aspetto molto importante.

Alcune volte la mente si rivela nostra nemica ed ha bisogno di essere indirizzata lontano dai pensieri relativi alla vita sentimentale. Tenere la mente occupata in altre cose può essere difficile se si soffre d'ansia durante una relazione. Però questo "staccare la spina" può esserci utile per migliorare l'umore. Attività all'aperto, dedicarsi agli animali, leggere o guardare la televisione, uscire con gli amici, coltivare un hobby, sono tutte "distrazioni" utili ad alleggerire la nostra ansia.

Cerchiamo il contatto fisico con il nostro partner, abbracciamolo quando torniamo dal lavoro, teniamogli la mano quando passeggiamo: esprimere affetto ed espansività può mandare un importante segnale di avvicinamento, oltre ad essere forti espressioni per esternare il nostro amore.

IL RISPETTO DI SÉ

Rispettare sé stessi per farsi rispettare dagli altri; perché se non siamo noi i primi ad avere rispetto di noi stessi, come possiamo pretendere che gli altri lo abbiano?

Che si manifesti tra persone conosciute o perfetti estranei, la mancanza di rispetto assume varie forme e maniere nella quotidianità delle relazioni sia personali che professionali. Di solito siamo noi stessi i primi a non rispettarci. E lo facciamo in tantissimi modi, anche se può sembrare strano. Un esempio molto semplice è anche quando facciamo una determinata cosa anche se non ci va davvero di farla. E non si parla di situazioni obbligate (faccio un lavoro che non mi piace perché devo vivere!), ma di tutte quelle volte che potremmo scegliere ma non lo facciamo.

Possiamo chiederci se abbiamo rispetto noi stessi oppure no anche all'interno di una relazione con un'altra persona, qualsiasi sia la sua natura. Questo tema può diventare molto delicato, ad esempio quando si arriva alla violenza vera e propria (fisica, sessuale, psicologica, economica e/o sui luoghi di lavoro). E ci sono situazioni o relazioni in cui la violenza è così sottile e pervasiva che diventa estremamente difficile per la persona sottrarvisi senza un aiuto esterno.

Ogni essere umano ha il potere di creare un mondo migliore per sé stesso, anche se non ci crede o non sa come fare. Se non riconosciamo questo potere, la persona è spacciata poiché rimane una vittima senza nessuna speranza. E anche chiedere aiuto quando ci rendiamo conto che da soli non ce la facciamo, è un gesto di grande forza e di rispetto verso sé stessi.

Perché se è vero che non abbiamo il controllo sull'altro, possiamo decidere come vogliamo essere trattati, fino ad allontanarci da una situazione o da una persona che non possiamo ovviamente cambiare, che non ci piace e non ci fa stare bene.

BENEFICI DELLA MEDITAZIONE

Per definizione, l'essere umano basa la sua esistenza e la sua stessa sopravvivenza sulle relazioni. Il nucleo centrale da cui si dipana la sua stessa esistenza è proprio la relazione di coppia, da cui si può poi articolare quella familiare.

Ciascuno di noi, a prescindere dalla maggiore o minore capacità di socializzazione, è naturalmente portato verso l'altro e buona parte della nostra sopravvivenza, che ne siamo consapevoli o meno, dipende non solo da noi stessi, ma anche e soprattutto dalle persone che ci circondano.

Le relazioni con gli altri, e ancora più i rapporti di coppia, rappresentano un terreno fertile per il nostro benessere psicofisico, per questo è fondamentale che possano essere terreno fertile di scambio costruttivo, collaborazione, cooperazione, affetto, empatia, rispetto, attenzione, dialogo, comprensione, e, in ultima analisi, amore.

Nonostante le aspettative, i desideri, le speranze, le buone intenzioni, non sempre però riusciamo in questi nobili intenti. Le relazioni di coppia finiscono così col diventare luoghi popolati da conflitti, diatribe, liti, ripicche, incomprensioni, battibecchi, rivendicazioni, guerre che, alla fine, all'estremo, possono sfociare in dolorose separazioni, divorzi, oppure convivenze forzate all'insegna della sopportazione reciproca.

La *Mindfulness* è una delle strategie che si propone di aiutarci a migliorare la nostra relazione di coppia.

E' un termine inglese che significa consapevolezza, ma in un senso particolare. Non è facile descriverlo a parole perché si riferisce prima di tutto a un'esperienza diretta. Tra le possibili descrizioni è diventata "classica" quella di Jon Kabat-Zinn, uno dei pionieri di questo approccio. *"Mindfulness significa prestare attenzione, ma in un modo particolare, con intenzione, al momento presente, in modo non giudicante". Si può descriverla anche come un modo per coltivare una più piena presenza all'esperienza del momento, al qui e ora.* La mente si placa, si stabilizza e osserva la cose con chiarezza. È la nostra mente nel suo stato spontaneo, quando si ferma e non è agitata da emozioni o pensieri.

La meditazione apporta numerosi benefici alla salute fisica, psichica, oltre che affettiva, relazionale, professionale, scolastica. Incremento di attenzione e concentrazione, calo della percezione del dolore, miglioramento della qualità del sonno, miglioramento delle relazioni sia affettive che professionali, diminuzione della tendenza alla conflittualità, sono solo alcuni degli aspetti importanti della sua efficacia.

Per praticare la Meditazione è sufficiente dedicare anche solo pochi minuti ogni giorno focalizzandosi sul ritmo del respiro e la percezione del corpo; si visualizzano pensieri ed emozioni e si lascia semplicemente che defluiscano. Si può praticare in qualsiasi luogo e/o posizione (seduti, sdraiati, ecc) e si può iniziare in qualsiasi momento della nostra vita. Prescinde da specifiche discipline, pratiche, convinzioni religiose, anche se attiene di fatto ad una sfera spirituale dell'esistenza.

Obiettivo finale della meditazione è la conoscenza di sé: non è un'attività che porta ad estraniarsi dalla realtà, ma al contrario ad essere sempre più pienamente presenti in essa. Per questo motivo anche le relazioni, ivi comprese quelle familiari, affettive, di coppia, ne possono ampiamente beneficiare.

- ✓ Aiuta ad essere più presenti ed attenti
- ✓ Contribuisce a diminuire la reattività emotiva
- ✓ Migliora la capacità di regolare le emozioni
- ✓ Aumenta l'autoconsapevolezza
- ✓ Ci rende più empatici

Meditare espressamente su gentilezza e amore, da soli o anche congiuntamente col partner può essere un'esperienza capace di seminare e coltivare tutto questo dentro sé stessi e nella relazione con l'altro.

REGOLE PER UNA RELAZIONE FELICE E DURATURA

Siamo sommersi da decine e decine di libri, scritti, decaloghi, su come vivere una vita di coppia felice; abbiamo però dimenticato un dato fondamentale: ogni coppia è costituita da due individui differenti e a se' stanti. Il detto "due cuori e una capanna" nella realtà soffoca la maggior parte delle persone, poiché pensare di condividere completamente con un'altra persona tempo, spazio, interessi e pensieri, alla lunga porta a detestarsi reciprocamente e si finisce per allontanarsi. Avete presente gli esperimenti fatti suoi topi che sono costretti a vivere in uno spazio angusto per troppo tempo? Dopo un po' impazziscono, diventano aggressivi o, al contrario, si deprimono. Questo paragone, che a qualcuno può sembrare azzardato, ci aiuta però a rivedere il concetto di coppia in una ottica nuova.

Una relazione dovrebbe essere vista come la somma di due persone che stanno bene individualmente e che, insieme, sono un qualcosa "di più ". Insieme creano un benessere ancora maggiore di quello singolo e non vivono il rapporto come il banco di mutuo soccorso.

Qui di seguito diamo alcune linee guida che ci possono aiutare a comprendere se siamo pronti a vivere una relazione soddisfacente e duratura:

- ✓ Valutate se siete veramente pronti a mettervi in gioco: cosa cerchiamo realmente in una relazione, quali aspettative abbiamo, siamo disposti a dare spazio ad un'altra persona nella nostra vita?

✓ Ogni rapporto rappresenta uno scambio: valutiamo cosa vogliamo/possiamo dare e ricevere.

✓ Ascoltiamo con attenzione quello che ci viene detto e se non ci è chiaro chiediamo delucidazioni: non limitiamoci ad interpretare.

✓ L'attività onirica è sicuramente piacevole, ma ogni sogno va confrontato con la realtà per evitare spiacevoli risvegli. Ognuno di noi sogna la propria relazione ideale, ma il sogno è una fantasia da confrontare con la realtà per non rischiare di rimanere intrappolati al suo interno e delusi dalla realtà.

✓ Una coppia è formata da due individui separati e distinti, a volte si fondono altre hanno bisogno di essere autonomi. Ricordate la storia dei porcospini di Schopenhauer? I porcospini avevano freddo e si strinsero l'un l'altro ma poi, a causa dell'eccessiva vicinanza, iniziarono a pungersi reciprocamente con gli aculei, per cui si allontanarono finche' non trovarono la giusta distanza per riscaldarsi e non farsi del male.

✓ La condivisione è piacevole, ma è fondamentale alimentare anche la propria individualità per rinnovare la vita di coppia. Coltivare la propria individualità significa mettersi in gioco per crescere in ambito professionale, coltivare relazioni con amici e conoscenti da estendere anche alla coppia, ritagliarsi degli spazi per sé in cui sviluppare interessi e scoprire nuove potenzialità.

✓ Concedetevi il tempo di conoscere una persona, trarre subito conclusioni affrettate può essere deviante. Talvolta siamo così affamati di amore che sovrapponiamo l'idea della persona che abbiamo sempre sognato alla persona che abbiamo appena incontrato e che non conosciamo per nulla.

✓ La pazienza è un dono, ma se dopo aver esposto più volte il vostro punto di vista non siete corrisposti, probabilmente non siete sulla stessa lunghezza d'onda. È vero che la coppia è costituita da due individui distinti, ma è fondamentale che vi sia una condivisione di valori e di progetti, un punto di incontro tra i due poli.

✓ Certo l'amore è anche un gioco, ma arriva il momento della chiarezza. Esponete all'altro i vostri sentimenti e verificate se è capace di coglierli: l'amore in coppia deve essere anche divertimento, seduzione, erotismo e sesso. Alla base di una relazione solida e duratura è di fondamentale importanza che entrambi i componenti abbiano ben chiari i sentimenti che provano l'uno per l'altra.

✓ Inseguire in amore non paga. Quando siete solo voi a correre e nessuno vi segue, probabilmente è arrivato il momento di fermarsi e riflettere dove state andando con tanta fretta. Esistono persone che trascorrono anni inseguendo un potenziale partner, senza considerare che stanno impiegando parte della propria vita a inseguire qualcuno che non vuole mettersi in gioco in un rapporto con loro.

✓ L'amore non è possesso, l'amore è appartenersi! Attenzione perché questa è una distinzione importante.

✓ Concordate un progetto comune e le regole che caratterizzano la vostra relazione: ogni coppia, dopo avere attraversato la fase dell'innamoramento, ha bisogno di gettare le basi su cui costruire una relazione duratura, che resista agli urti della vita e che cresca nel tempo.

Vivere una relazione e stare insieme, diciamoci la verità, è bello, ma non è certo una passeggiata, e fare funzionare un rapporto di coppia richiede tanta pazienza, impegno e forza di volontà.

CONCLUSIONE

Desidero innanzitutto ringraziarvi perché, se siete arrivati a questo punto, significa che avete apprezzato il mio lavoro. Questo libro è stato scritto con il cuore perché l'argomento trattato è molto sentito in quanto riguarda una moltitudine di persone che ogni giorno "lotta" per creare condizioni migliori in cui esprimere il proprio profondo interesse in una "sana e vera" relazione di coppia.

Amore, rispetto per sé stessi e l'altro, fiducia, lealtà, sincerità, gratitudine, autostima, comprensione, disponibilità, sono soltanto alcuni dei sentimenti e delle emozioni che ci fanno muovere ogni giorno, che ci danno gioia e ci regalano anche quella forza necessaria perché la vita valga la pena di essere vissuta, con tutte le sue difficoltà e gli ostacoli che ci frappone: perché sì, *l'amore è una cosa meravigliosa!*